A·P·F·E·L

Ein Geschenk der Natur – vielseitig und gesund

Elisabeth Bangert

A·P·F·E·L

Ein Geschenk der Natur – vielseitig und gesund

tosa

Inhalt

Bitte beachten Sie:

- Wenn Sie eine der angegebenen Zutaten in den üblichen Fachgeschäften nicht finden, können Sie diese im Internet oder über den Fachhandel erwerben.
- Die angegebenen Backtemperaturen gelten für Backöfen mit Ober- und Unterhitze. Wenn Sie mit Umluft backen, muss die Temperatur um 20 Grad reduziert werden (Beispiel: 180 °C Ober- und Unterhitze = 160 °C Umluft). Generell gilt, dass die Heizleistung von Backöfen trotz gleicher Temperatureinstellung variieren kann, je nach Hersteller und Modell.
- 1 TL (Teelöffel) = ca. 5 g
1 EL (Esslöffel) = ca. 10 g

Einführung

Der Kulturapfel (Malus domestica) – *hier die Sorte Braeburn*

Der Holzapfel (Malus sylvestris)

Der asiatische Wildapfel (Malus sieversii)

Keine andere Obstsorte ist in Deutschland beliebter als der Apfel. Das Kernobstgewächs stammt aus der Familie der Rosengewächse, die insgesamt etwa 3000 verschiedene Arten umfasst. Neben den namensgebenden Rosen, die als Zierpflanzen genutzt werden, zählen außer dem Apfel auch viele andere bekannte Obstgewächse wie Birne, Erdbeere, Kirsche und Pflaume zu dieser Familie. Die bedeutendste Art unter den Äpfeln ist der Kulturapfel *(Malus domestica)*, der aus dem Holzapfel *(Malus sylvestris)* sowie dem asiatischen Wildapfel *(Malus sieversii)* hervorgegangen ist. Durch jahrhundertelange Züchtung und Veredelung entstanden die heutigen Kultursorten.

Die Geschichte des Apfels reicht weit zurück und ist eng mit der Entwicklung der Menschheit verbunden. Die Ursprünge der Obstsorte liegen in Zentralasien. In der Gegend des heutigen Kasachstan wurden Äpfel bereits um 10000 v. Chr. angebaut und kamen über antike Handelsstraßen nach Süd- und Osteuropa. Einst recht kleine, saure und holzige Früchte, gelang es den Griechen und Römern, süße und wohlschmeckende Äpfel zu züchten und diese zu kultivieren. Den Früchten wurde eine aphrodisierende Wirkung zugesprochen und sie waren ausgesprochen teuer. Mit den römischen Feldzügen um 100 v. Chr. kam das Obst schließlich auch nach Mittel- und Nordeuropa. Über die Jahrhunderte nahm die landwirtschaftliche Bedeutung des Apfels immer weiter zu. Heute ist er die meistangebaute Obstsorte in Europa.

Wenn im Frühjahr die Apfelbäume blühen, erkennt man die Verwandtschaft mit den Rosen: Die Blüten ähneln denen der Wildrose.

Der Apfel spielt in vielen Überlieferungen eine besondere Rolle. Die wohl bekannteste erzählt von Adam und Eva.

Auch kunst- und kulturgeschichtlich nimmt der Apfel einen besonderen Stellenwert ein. Unzählige Mythen und Geschichten ranken sich um ihn. Eva war die erste, die der verführerischen Frucht vom Baum der Erkenntnis nicht widerstehen konnte, woraufhin die ersten Menschen aus dem Paradies vertrieben wurden. Dem biblischen Sündenfall verdankt die Pflanzengattung wohl auch ihren botanischen Namen *„Malus"*, was auf Deutsch „der Schlechte" bedeutet. Auch in anderen Überlieferungen spielt der Apfel eine verheerende Rolle: In der griechischen Mythologie beispielsweise löste der Streit um einen goldenen Apfel letztlich den Trojanischen Krieg aus, worauf sich der noch heute gebräuchliche Begriff „Zankapfel" bezieht. Ganz zu schweigen von dem Märchen von Schneewittchen, in dem die böse Stiefmutter die Königstochter sogar mit einem vergifteten Apfel ermorden will.

Doch auch wenn der Apfel in der westlichen Kulturgeschichte häufig mit dem Bösen in Verbindung gebracht wurde, hält dieser schlechte Ruf keiner Prüfung stand: In Wahrheit ist die knackige Frucht nämlich rundum gut für uns, da sie voller gesundheitsfördernder Substanzen steckt und zu einer ausgewogenen Ernährung beiträgt. Kein Wunder also, dass der Apfel heute als Powerfood gilt und in der Werbung und der Popkultur wie kein anderes Obst mit Wohlbefinden und Lebensfreude assoziiert wird.

Von den gesundheitlichen Aspekten über die verschiedenen Apfelsorten bis hin zu nützlichen Ratschlägen zu Lagerung und Verarbeitung – in diesem Buch erfahren Sie alles Wissenswerte über den König der Obstsorten. Darüber hinaus erhalten Sie eine großartige Auswahl an schmackhaften und inspirierenden Rezepten vom gesunden Frühstück bis zum festlichen Abendessen. Freuen Sie sich darauf, den Apfel von einer ganz neuen Seite kennenzulernen!

Wie Äpfel unsere Gesundheit unterstützen

„An apple a day keeps the doctor away!“ Dieses englische Sprichwort aus dem Jahr 1866 kennt wohl jeder, und das nicht ohne Grund: Äpfel sind nicht nur lecker, sondern auch sehr gesund. Sie enthalten viele Vitamine, Mineral- und Ballaststoffe und fast kein Fett. Da sie zu rund 85 Prozent aus Wasser bestehen, sind sie darüber hinaus äußerst kalorienarm. Die meisten Vitamine und Nährstoffe sitzen direkt unter der Schale, weshalb man die Früchte am besten ungeschält genießen sollte. Immer wieder gibt es neue Erkenntnisse über die gesundheitsfördernde und vorbeugende Wirkung von Äpfeln. Die wichtigsten Fakten erfahren Sie in diesem Kapitel.

STÄRKUNG DES IMMUNSYSTEMS

Vitamin C stärkt die Abwehrkräfte und ist sehr wichtig für ein funktionstüchtiges Immunsystem. Mit einem Vitamin-C-Gehalt von bis zu 60 Milligramm deckt bereits ein Apfel zwei Drittel des Tagesbedarfs eines erwachsenen Menschen ab. Je nach Sorte kann der Vitamingehalt jedoch variieren: Am meisten Vitamin C liefern die Sorten Braeburn, Berlepsch und Boskop. Darüber hinaus wirken die Gerbstoffe im Apfel antibakteriell und entzündungshemmend und sind daher ein guter Schutz vor Magen-Darm-Infektionen.

Mineralstoffe

Kalium:	120 mg
Phosphor:	11 mg
Kalzium:	5 mg
Magnesium:	5 mg
Natrium:	2 mg
Eisen:	0,25 mg
Zink:	0,10 mg

Vitamine

Vitamin C:	12 mg
Vitamin E:	0,50 mg
Vitamin B_3:	0,20 mg
Vitamin B_5:	0,10 mg
Vitamin B_6:	0,05 mg
Vitamin B_2:	0,03 mg
Vitamin B_1:	0,03 mg
Vitamin A:	0,01 mg

Fett: 0,6 g
Eiweiß: 0,3 g
Kohlenhydrate: 11,4 g

57 kcal

durchschnittlicher Nährstoffgehalt; alle Angaben je 100 g

Heißer Apfelsaft ist ein bewährtes Hausmittel gegen Halsschmerzen.

TIPP

Bei Halsschmerzen kann heißer Apfelsaft Linderung verschaffen. Naturtrüben Apfelsaft erhitzen, aber nicht kochen, und möglichst heiß trinken. Je nach Belieben können Sie auch eine Stange Zimt oder etwas Rosmarin oder Thymian hinzufügen, um die entzündungshemmende Wirkung zu verstärken.

SCHUTZ FÜR DIE ZELLEN

Äpfel gelten als hervorragende Quelle für bioaktive Substanzen, die entzündungshemmend wirken und unsere Zellen sehr effektiv gegen die schädlichen Wirkungen aggressiver freier Radikale schützen. Diese Substanzen, die sogenannten Antioxidantien, können unter anderem das Wachstum von Krebszellen beeinflussen und so das Krebsrisiko senken. Wie viele Antioxidantien im Apfel stecken, hängt von der Sorte ab, wobei alte Sorten meist einen höheren Gehalt haben.

NAHRUNG FÜRS GEHIRN

Bereits vor vielen Jahren haben Wissenschaftler herausgefunden, dass schon ein Apfel täglich die Gedächtnisleistung verbessern und die Gehirnzellen vor Abbauprozessen schützen kann. Auch der tägliche Genuss von naturtrübem Apfelsaft soll sich positiv auf das Gehirn auswirken. Doch nicht nur gegen Vergesslichkeit soll der Verzehr von Äpfeln und Apfelprodukten helfen: Aufgrund mehrerer Studien vermuten Forscher, dass Äpfel einen wichtigen Beitrag zur Vorbeugung von neurodegenerativen Krankheiten wie Alzheimer, Parkinson und Demenz leisten können.

Der Verzehr von Äpfeln ist prinzipiell gut für Zähne und Zahnfleisch.

GUT FÜR DIE ZÄHNE

Durch seine knackige Struktur kann der Verzehr eines Apfels dabei helfen, die Zähne auf natürliche Weise zu reinigen und Plaque und Verfärbungen zu entfernen. Das Kauen des saftigen Fruchtfleischs regt außerdem die Speichelproduktion an, was wichtig ist, um schädliche Bakterien und Speisereste wegzuspülen. Die Säure in den Äpfeln kann den Zähnen, vor allem bei übermäßigem Konsum, jedoch auch schaden, weil sie den Zahnschmelz aufweicht. Daher ist auch es ratsam, nach dem Genuss eines Apfels ca. 30 Minuten zu warten, bevor man sich die Zähne putzt, um den Zahnschmelz nicht zu beschädigen.

ENERGIE FÜR EINEN GESUNDEN DARM

Äpfel wirken regulierend auf die Darmtätigkeit und unterstützen eine gesunde Darmflora. Sie können sowohl bei Verstopfung als auch bei Durchfall Linderung verschaffen. Isst man einen Apfel im Ganzen, lockern Ballaststoffe und Fruchtzucker den Stuhl. Auch unverdünnter Apfelsaft kann bei Verstopfungen löslich wirken. Bei Durchfallerkrankungen sollte die Frucht mit Schale sehr fein gerieben werden. Dann ist sie nicht nur leichter zu verdauen, das enthaltene Pektin kann auch seine flüssigkeitsbindende Wirkung wesentlich besser entfalten.

TIPP

Als erste Hilfe gegen Durchfall waschen Sie einen Apfel und reiben Sie ihn mit Schale fein. Dann etwa 10–15 Minuten stehen lassen, bis der Brei anfängt braun zu werden. Anschließend löffelweise essen.

NATÜRLICHER CHOLESTERINBLOCKER

Einer US-amerikanischen Studie zufolge haben getrocknete Äpfel einen positiven Einfluss auf die Blutwerte und schützen vor Herz-Kreislauf-Erkrankungen: Nur 75 Gramm täglich zeigen schon nach einem halben Jahr eine bemerkenswert positive Wirkung auf den Cholesterinspiegel. Bei den Probanden führte die tägliche Einnahme zu einem Absinken des Cholesterinwerts um rund 23 Prozent. Verantwortlich dafür ist das enthaltene Pektin, das Gallensäure an sich bindet und so cholesterinsenkend wirkt.

UNTERSTÜTZUNG BEIM ABNEHMEN

Da Äpfel im Vergleich zu anderen Obstsorten einen besonders hohen Wasseranteil haben und nur 57 Kalorien pro 100 Gramm besitzen, sind sie ein gesunder Snack für zwischendurch. Die in der Frucht enthaltenen unverdaulichen Ballaststoffe binden viel Wasser und sorgen für ein lang anhaltendes Sättigungsgefühl. Zudem lassen Äpfel mit einem glykämischen Index von 35 den Blutzuckerspiegel nur mäßig ansteigen und können dadurch sogar Heißhungerattacken vorbeugen. Experten raten, ungefähr 15 Minuten vor dem Essen als Vorspeise einen Apfel zu verzehren. Das regt die Verdauung an und stillt das erste Hungergefühl, wodurch man automatisch weniger Kalorien zu sich nimmt.

Getrocknete Äpfel wirken sich positiv auf den Cholesterinspiegel aus.

Apfelsorten

Von fruchtig-süß bis fein säuerlich – rund 25 verschiedene Apfelsorten sind hierzulande im Handel erhältlich.

Weltweit gibt es mehr als 30 000 Apfelsorten. In Deutschland wachsen rund 2000 davon, wobei es nur etwas mehr als 20 Sorten in den Handel schaffen. Inzwischen sind viele der alten Sorten verschwunden, weil sich der Anbau für die Erzeuger nicht mehr lohnte. Dafür sind ganz neue Sorten entstanden, die aber oft nicht mehr so widerstandsfähig und robust wie ihre Vorfahren sind. Die 10 bekanntesten Apfelsorten können Sie in diesem Kapitel kennenlernen.

Geschmacklich lassen Äpfel sich grob in drei verschiedene Kategorien einteilen: Süß-fruchtig, kräftig-würzig und säuerlich-aromatisch. Zu den süß-fruchtigen Sorten zählen Gala Royal, Golden Delicious und Jonagold, zu den kräftig-würzigen Elstar, Cox Orange und Gravensteiner. In die letzte Gruppe fallen die Sorten Boskop, Braeburn, Granny Smith und Topaz. Sind Sie sich unsicher, welche Apfelsorte zu einem Gericht passt, gibt es eine einfache Faustregel: Zu süß passt sauer, zu herzhaft passt süß.

BOSKOP

Die aus den Niederlanden stammende Apfelsorte zeichnet sich durch ihr sehr saftiges und festes Fruchtfleisch sowie ihren säuerlich-herben Geschmack aus. Die Früchte sind mittelgroß bis groß und besitzen eine grüne bis rote, raue Schale, die teilweise mit einem feinen Rost überzogen ist. Angeboten wird der Boskop von Oktober bis März. Als eine der wenigen noch verbreiteten alten Sorten sind die Äpfel meist auch für Allergiker gut verträglich und eignen sich aufgrund der ausgeprägten Säure hervorragend für Süßspeisen und Kuchen.

BRAEBURN

Die süß-säuerliche Apfelsorte mit ihrer goldgelben, rot gestreiften Schale stammt ursprünglich aus Neuseeland. Die mittelgroßen Früchte besitzen gute Lagereigenschaften und sind von Oktober bis Mai genussreif. Zudem enthalten sie im Vergleich zu anderen Sorten besonders viel Vitamin C. Mit ihrem intensiven Aroma eignen sie sich hervorragend für Müsli, Obstsalat und Kompott, können aber auch für Salate und Aufläufe verwendet werden. Besonders gut harmoniert er mit kräftigen Käsesorten.

COX ORANGE

Der Cox Orange wurde im 19. Jahrhundert in England entdeckt und zählt bis heute zu den beliebtesten Apfelsorten in Großbritannien. Von ihm stammen weitere bekannte Sorten wie Holsteiner Cox und Alkmene ab. Die kleinen bis mittelgroßen Äpfel sind gelbgrün, sonnenseitig rotbraun gefärbt und von Mitte September bis März im Handel erhältlich. Mit ihrem fein säuerlichen Aroma gelten sie als schmackhafte Sorte für den Rohverzehr, eignen sich aber auch ausgezeichnet für Gebäck oder herzhafte Speisen.

ELSTAR

Diese besonders knackige Apfelsorte wurde in den 1950er-Jahren in den Niederlanden aus den Sorten Golden Delicious und Ingrid Marie gezüchtet. Die kugeligen Früchte mit gelblicher und sonnenseitig geröteter Schale entfalten sofort nach der Ernte ihr volles Aroma und haben von September bis Mai Saison. Mit ihrem intensiv-würzigen Geschmack sind sie in der Küche wahre Alleskönner und eignen sich für Kuchen, Salate und Rezepte mit Käse. Kein Wunder also, dass Elstar deutschlandweit die am meisten verkaufte Apfelsorte ist.

GALA ROYAL

Gala Royal ist eine Abwandlung der ursprünglich aus Neuseeland stammenden Apfelsorte Gala, die ab 1960 weltweit vermarktet wurde. Die Früchte sind relativ klein, dafür aber sehr aromatisch und süß. Genussreif sind sie von Ende September bis März. Die glatte und glänzende Schale weist eine intensiv rote Färbung auf goldgelbem Untergrund auf und besitzt eine natürliche Wachsschicht. Gala Royal ist nicht nur ein beliebter Tafelapfel, sondern auch als Küchenapfel äußerst vielseitig einsetzbar, beispielsweise in Kombination mit Kartoffeln, Kräutern oder Milchspeisen.

GOLDEN DELICIOUS

Golden Delicious gehört zu den weltweit am häufigsten angebauten Apfelsorten. Im Handel verfügbar sind die Früchte von Oktober bis Juli. Vor allem Kinder lieben den süßen und leicht würzigen Geschmack der goldgelben bis gelbgrünen Äpfel. Dabei wurde der Apfelbaum mit den gleichmäßigen und großen Früchten nicht bewusst gezüchtet, sondern im Jahr 1890 zufällig in einem Garten in West Virginia entdeckt. Da die Äpfel sowohl eine leichte Süße als auch eine feine Säure aufweisen, sind sie vielseitig einsetzbar, wie etwa für Obstsalate oder als Begleiter zu Brie und Camembert.

1 Knospe

5 Fruchtentwicklung

2 Grünknospe

3 geschlossene Blüte

4 offene Blüte

6 Fruchtreife

GRANNY SMITH

Granny Smith ist mit seiner leuchtend grünen Schale und dem hohen Säuregehalt ein Unikat unter den Äpfeln. Benannt ist die Sorte nach ihrer Entdeckerin, der australischen Großmutter Maria Ann Smith. Da die Früchte ein sehr warmes Klima benötigen, können sie hierzulande nicht angebaut werden und stammen meist aus Südtirol oder auch aus Neuseeland oder Australien. Als klassischer Importapfel ist Granny Smith im Handel fast ganzjährig verfügbar. Mit seinem säuerlichen Geschmack eignet er sich perfekt zum Backen von schweren Kuchen, peppt aber auch herzhafte Speisen geschmacklich auf.

GRAVENSTEINER

Der aus dem 17. Jahrhundert stammende Gravensteiner zählt bis heute zu den aromatischsten und wohlschmeckendsten Apfelsorten und ist auch für Allergiker genießbar. Aufgrund ihrer schlechten Lagereigenschaften sind die Äpfel allerdings nur von August bis Oktober erhältlich. Die großen Früchte haben eine gelbe Schale, die mit roten „Flammen" übersät ist. Mit seiner feinen Würze und dem saftigen Fruchtfleisch eignet sich der Gravensteiner sowohl für Süßspeisen wie Strudel oder Kompott als auch für herzhafte Gerichte wie Auflauf. Auch zur Herstellung von Apfelwein wird er gerne verwendet.

JONAGOLD

Diese Apfelsorte ist eine Kreuzung aus Jonathan und Golden Delicious. 1943 erstmals in den USA gezüchtet, ist der Jonagold heute in ganz Europa verbreitet. Die großen runden Früchte weisen eine gelbe bis leuchtend rote Färbung auf, besitzen gute Lagereigenschaften und sind von Oktober bis Juli genussreif. Mit seinem saftigen Fruchtfleisch und dem fruchtig-süßen Aroma, das durch eine milde Säure abgerundet wird, ist der Apfel ein wahres Multitalent. In der Küche eignet er sich für fast alle Zubereitungsarten.

TOPAZ

Diese relativ junge Sorte wurde 1984 in der ehemaligen Tschechoslowakei gezüchtet. Die dunkelrot geflammten Früchte sind äußerst robust und resistent gegen Schorf, weshalb sie sich ideal für den biologischen Anbau eignen. Der Topaz ist gut lagerbar und von Oktober bis Juli genussreif. Sein leicht säuerliches Aroma kommt vor allem in Suppen besonders gut zur Geltung, dank seines festen und saftigen Fruchtfleischs hat er aber auch hervorragende Backeigenschaften.

Streuobstwiesen sind eine umweltfreundliche Form des Obstanbaus und ein wertvoller Lebensraum für Flora und Fauna.

Alles über Äpfel – von der Ernte bis in die Küche

Die Deutschen verzehren jährlich durchschnittlich ca. 30 Kilogramm Äpfel pro Person. In diesen Verbrauch nicht eingerechnet sind die zahlreichen anderen Produkte, die aus den paradiesischen Früchten hergestellt werden, wie Apfelsaft oder Apfelessig. Doch wie lagert man Äpfel am besten, damit sie möglichst lange saftig bleiben und welche Apfelsorten sind am längsten haltbar? Und was ist der Unterschied zwischen Apfelwein und Cidre? Antworten auf diese und viele weitere Fragen sowie zahlreiche nützliche Ratschläge rund um den Apfel erhalten Sie in diesem Kapitel.

APFELERNTE

Wenn der Herbst vor der Tür steht, beginnt die Zeit der Apfelernte. Frühe Apfelsorten werden je nach Standort und Wetterbedingungen bereits im August geerntet, späte bis etwa Ende Oktober.

Um zu erkennen, ob ein Apfel reif ist, kann man ihn vorsichtig anheben und ein bisschen drehen. Wenn er sich leicht vom Baum löst, ist er reif. Müssen Sie richtig ziehen, sollten Sie die Früchte noch etwas hängen lassen. Auch die Farbe des Kerns kann Aufschluss geben: Reife Äpfel haben dunkel gefärbte Kerne.

Im Jahr 2022 lag die Apfelernte bei rund 1,1 Millionen Tonnen.

Bei der Ernte gibt es mehrere Dinge zu beachten. Ernten Sie Äpfel am besten nur bei trockenem Wetter. Die Früchte sollten beim Pflücken vollständig trocken sein, weil sie sonst schnell verderben. Da Äpfel sehr empfindlich sind, sollten Sie sie am besten einzeln pflücken und vorsichtig in einen gepolsterten Korb legen. Den Stiel sollten Sie auf keinen Fall entfernen, weil der Apfel sonst nicht so lange haltbar ist. Achten Sie darauf, dass Sie die Knospen, aus denen im kommenden Jahr Äpfel werden, nicht beschädigen. Um Fallobst aufzusammeln, können Sie einen Rollsammler verwenden. Das geht wesentlich schneller und schont den Rücken.

Bei Äpfeln gibt es zwei Reifezustände: pflückreif und genussreif. Bei manchen Sorten, den Sommeräpfeln wie Elstar oder Gala, fallen Pflück- und Genussreife zusammen. Sie können direkt nach dem Pflücken gegessen werden. Spätreife Sorten hingegen müssen nach dem Pflücken noch einige Wochen lagern, um ihr volles Aroma zu entfalten und die Genussreife zu erlangen.

Auch im gewerblichen Obstanbau werden Äpfel heute noch meist von Hand geerntet.

Fruit
Vegetables
Fresh Balancer
Fruit & Vegetables

ÄPFEL NACHHALTIG EINKAUFEN

Frische Äpfel erkennt man an ihrem festen und knackigen Fruchtfleisch, das die Früchte prall wirken lässt, und an ihrer glatten Schale. Außerdem sollten die Früchte keine Druckstellen oder Risse aufweisen, wenn Sie sie nicht sofort verzehren oder verarbeiten wollen. Auch wenn diese Makel kein Gesundheitsrisiko darstellen, ist beschädigtes Kernobst langfristig anfällig für Schimmelbildung und daher nur bedingt haltbar.

Äpfel sind in jedem Supermarkt erhältlich, oft aber preisgünstiger, wenn man sie auf dem Wochenmarkt oder beim Apfelbauern kauft. Das ist auch besser für die Umwelt: Da dort meist nur regionale und saisonale Früchte angeboten werden, kann man sicherstellen, dass die Transportwege kurz sind und die Umweltbelastung geringer ausfällt als bei importierten Äpfeln. Außerdem findet man auf Märkten oft auch alte, fast vergessene Sorten, die es sich zu probieren lohnt.

ÄPFEL RICHTIG LAGERN

Frische Äpfel lagert man am besten an einem dunklen und kühlen Ort bei 2 bis 5 °C und mit möglichst hoher Luftfeuchtigkeit. Während sich für größere Mengen ein kühler Keller oder eine frostfreie Garage anbietet, können kleinere Mengen auch im Gemüsefach des Kühlschranks aufbewahrt werden. Wenn Sie das Obst in eine Plastiktüte geben und diese fest verschließen, bleibt die Feuchtigkeit der Äpfel erhalten und sie werden vor dem Austrocknen geschützt.

Damit die Äpfel lange frisch bleiben, sollten sie unbedingt unbeschädigt und außen trocken sein. Legen Sie die Früchte nebeneinander auf einen weichen Untergrund wie Papier oder Pappe und achten Sie darauf, dass sie sich nicht gegenseitig berühren. Bei idealen Lagerbedingungen und je nach Sorte halten Äpfel etwa 3 bis 5 Monate.

Allgemein gilt: Je früher Äpfel reif sind, desto schlechter können sie gelagert werden. So kann man Frühäpfel wie den Klarapfel beispielsweise überhaupt nicht lagern, während Winteräpfel im Allgemeinen eher gute Lagereigenschaften haben.

Äpfel strömen das Reifegas namens Ethylen aus, das den Reifeprozess von umliegendem Obst und Gemüse beschleunigt. Daher sollten Äpfel stets alleine lagern. Allerdings kann man sich diesen Effekt auch zunutze machen: Um harte Kiwis, Avocados oder Nektarinen schneller reifen zu lassen, können Sie diese mit einem Apfel in eine Papiertüte oder Zeitungspapier wickeln. Schon am nächsten Tag sollten die Früchte weicher sein.

GUT LAGERBARE SORTEN

Nicht alle Apfelsorten eignen sich gleich gut für die Lagerung. Besonders gut aufbewahren lassen sich Winterapfelsorten wie Braeburn, Gala, Golden Delicious und Granny Smith.

ÜBERBLICK: APFELLAGERUNG

Die Apfellagerung gestaltet sich einfach. Diese Punkte sollten Sie dabei beachten:

1. Kühl lagern
2. Dunkel lagern
3. Auf hohe Luftfeuchtigkeit im Raum achten
4. Mit Abstand lagern
5. Fern von anderem Gemüse lagern

APFELESSIG

Apfelessig eignet sich nicht nur zum Mixen von Salatdressings, sondern spielt auch als Mittel in der Naturheilkunde eine bedeutende Rolle. Zweifelsfrei wissenschaftlich belegt ist seine Wirkung nicht, doch sein guter Ruf beruht auf jahrhundertelanger Erfahrung. Schon die Römer nutzten ihn, um Wunden zu desinfizieren, und im Mittelalter sollten Waschungen mit Apfelessig vor der Ansteckung mit der Pest schützen. Auch heute noch wird dem Apfelessig eine desinfizierende, wundheilende, entzündungshemmende und entgiftende Wirkung nachgesagt. Außerdem wird er in der Naturkosmetik gerne als natürliche Pflege für reine Haut und glänzendes Haar eingesetzt.

APFELSAFT

Mit einem Pro-Kopf-Verbrauch von rund 5,6 Litern jährlich gehört Apfelsaft zu den beliebtesten Fruchtsaftsorten in Deutschland. Haben Sie eigene Apfelbäume, können Sie das Getränk mit einer Obstpresse oder einem Entsafter selbst herstellen. Außerdem gibt es deutschlandweit zahlreiche regionale Mostereien, bei denen Sie Ihr eigenes Obst zu Saft pressen lassen können. Im Handel kann man zwei grundlegend verschiedene Apfelsaftsorten erwerben, die entweder aus Direktsaft oder aus Fruchtsaftkonzentrat bestehen.

Um Direktsaft zu gewinnen, werden frische reife Äpfel gesäubert, verlesen und zerkleinert. Die sogenannte Maische wird anschließend mit einer Presse entsaftet. Für einen Liter Direktsaft benötigt man im Idealfall ca. 1,5 Kilogramm Äpfel, was etwa 7 bis 9 Früchten entspricht.

Für Apfelsaftkonzentrat wird dem frisch gepressten Apfelsaft in einem schonenden Prozess das Wasser entzogen. Aufgrund der wesentlich dickflüssigeren Konsistenz wird das nun gewonnene Konzentrat auch Apfeldicksaft genannt. Um daraus wieder Saft herzustellen, wird die Prozedur wieder umgekehrt und dem Konzentrat wieder Wasser hinzugefügt.

Ferner unterscheidet man zwischen naturtrübem und klarem Apfelsaft. Letzterer ist gefilterter naturtrüber Saft, der frei von Schwebstoffen ist. Der ungefilterte Saft hingegen enthält mehr sekundäre Pflanzenstoffe und gilt daher als gesünder. Darüber hinaus schmeckt naturtrüber Apfelsaft meist auch wesentlich intensiver und aromatischer.

APFELWEIN, CIDRE UND CIDER

Ob hessischer Apfelwein, französischer Cidre oder englischer Cider – all diese Apfelweine werden aus frisch eingemaischtem und gepresstem Apfelsaft hergestellt. Während man beim deutschen Apfelwein die Kohlensäure entweichen lässt, wird bei Cidre und Cider die Kohlensäure, die beim Gären entsteht, im Wein gebunden. Deshalb ist der deutsche Apfelwein ein Stillwein, während die englischen und französischen Sorten perlende Schaumweine sind. Für den unterschiedlichen Geschmack sind die verwendeten Apfelsorten verantwortlich. Daher schmeckt Cidre meist eher fruchtiger, während der englische Cider oft herber und kräftiger ist. Da für den heimischen Apfelwein traditionell herbe und sauere Äpfel verwendet werden, hat dieser meist auch einen herben und sauren Geschmack.

CALVADOS

Der wohl bekannteste Apfelschnaps ist Calvados, der aus Cidre gewonnen wird. Der bernsteinfarbene Apfelbranntwein hat einen Alkoholgehalt von mindestens 40 Prozent und stammt aus der Normandie, genauer gesagt aus dem namensgebenden Département Calvados. Seit 1942 ist die Bezeichnung geschützt, weshalb lediglich Apfelbranntweine aus dieser Region den Namen Calvados tragen dürfen.

So schmeckt die Normandie: Neben Calvados sind Camembert und Cidre die Spezialitäten der Region und passen kulinarisch perfekt zusammen.

Mit einem Sparschäler kann man Äpfel wesentlich dünner schälen als mit einem Küchenmesser.

Mit einem Apfelschneider kann man die Früchte in Sekundenschnelle in gleichmäßige Stücke zerteilen.

ÄPFEL SCHÄLEN

Dass unter der Schale die meisten Nährstoffe sitzen und man rohe Äpfel am besten ungeschält genießen sollte, wurde bereits auf den vorherigen Seiten erklärt. Da Äpfel eine robuste Schale besitzen, die beim Kochen und Backen nicht so schön weich wird oder zerfällt wie das Fruchtfleisch, müssen die gesunden Früchte jedoch für manche Zubereitungsarten geschält werden. Verwenden Sie dazu am besten einen Sparschäler, sodass Sie die Schale rundum dünn entfernen können, ohne dabei zu viel Fruchtfleisch abzuschneiden.

Die Apfelschalen müssen Sie nicht wegwerfen, sondern können Sie beispielsweise auf der Heizung trocknen und anschließend in einem Topf mit Wasser und nach Belieben mit etwas Zimt aufkochen. Das ergibt einen leckeren Apfeltee. Alternativ können Sie auch Apfelchips daraus herstellen (siehe Seite 25).

ÄPFEL ENTKERNEN

Wollen Sie einen Apfel entkernen, ohne ihn vorher zu zerschneiden, können Sie einen Apfelausstecher dafür nutzen. Legen Sie den Apfel mit dem Stiel nach oben auf ein Schneidebrett, setzen Sie dann den Ausstecher mittig über dem Stiel an und drücken Sie ihn leicht durch den Apfel. Drehen Sie das Küchenwerkzeug anschließend einige Male im Kreis und das Kerngehäuse bleibt darin hängen. Mit dieser Methode behält der Apfel seine Form und Sie können ihn füllen oder in Ringe schneiden.

ÄPFEL SCHNEIDEN

Nach dem Schneiden verfärben sich Apfelstücke schnell bräunlich, da die im Fruchtfleisch enthaltenen Enzyme mit dem Sauerstoff aus der Luft reagieren. Um die zwar nicht schädliche, aber unschöne Verfärbung zu vermeinden, beträufeln Sie die Apfelstücke einfach mit etwas Zitronen- oder Limettensaft. Natürlich reicht ein scharfes Messer und gegebenenfalls ein Schneidebrett aus, um Äpfel in kleine Stücke zu schneiden, doch viele Apfelliebhaber bevorzugen einen Apfelschneider. Mit diesem kann man das Obst in wenigen Sekunden in gleichmäßige Stücke zerteilen.

Apfelschalen enthalten viele wertvolle Inhaltsstoffe und sind zu schade zum Wegwerfen.

TIPP

Aus übrig gebliebenen Apfelschalen können Sie mit wenig Aufwand leckere Apfelchips zubereiten. Einfach die Schalen in einer Schüssel mit Honig vermengen, mit der Hautseite nach oben auf ein mit Backpapier ausgelegtes Backblech legen und im Ofen bei 110 °C Umluft 3–4 Stunden trocknen. Lassen Sie die Ofentür dabei einen Spalt offen, beispielsweise indem Sie einen Kochlöffel dazwischenklemmen, und wenden Sie die Chips nach 2 Stunden.

Die Inneren Werte des Apfels

Wasser: 84,4 %
Ballaststoffe: 2 %
Kohlenhydrate: 11,4 %
Fett: 0,6 %
Eiweiß: 0,3 %
Sonstiges: 1,3 % (Vitamine und Mineralstoffe, wie Vitamin C, sekundäre Pflanzenstoffe wie Flavonoide usw.)

durchschnittliche Inhaltsstoffe

Frühstück

Ob als Brotaufstrich oder im Müsli – Äpfel regulieren die Verdauung und den Blutzuckerspiegel und garantieren einen energievollen Start in den Tag. Die fruchtigen Frühstücksideen schmecken nicht nur lecker, sondern machen auch lange satt.

Apfel-Brotaufstriche

» Für Apfelgelee oder Apfelkonfitüre eignen sich säuerliche Sorten besonders gut. Süße Sorten sollten mit säuerlichen Früchten kombiniert werden. Außerdem ist es ratsam, nicht ganz reife Früchte zu verwenden, da sie einen höheren Säure- und Pektingehalt aufweisen und besser gelieren. Früher wurden deshalb häufig frühzeitig vom Baum gefallene Früchte zu Gelee verarbeitet.

TIPP
Sie können die Konfitüre statt mit Muskatnuss auch mit 1–2 Teelöffeln Lebkuchengewürz verfeinern.

Apfel-Zimt-Konfitüre

FÜR CA. 4 GLÄSER (à 250 ml)
1 unbehandelte Orange
1 kg Äpfel
150 ml Orangensaft
2 EL Zitronensaft
1 TL Zimt
1 Zimtstange
500 g Gelierzucker 2:1
1 Msp. geriebene Muskatnuss

1. Die Orange heiß abwaschen und trocken reiben. Mit einem Zestenreißer die Schale in dünnen Streifen abziehen. Die Äpfel schälen, vierteln und das Kerngehäuse entfernen. Das Fruchtfleisch grob reiben.

2. Das geriebene Fruchtfleisch, die Orangenschale, die beiden Säfte, den Zimt und die Zimtstange in einen großen Topf geben. Den Gelierzucker hinzufügen und alles gut vermischen. Das Ganze unter Rühren zum Kochen bringen und ca. 4 Minuten sprudelnd kochen lassen, dabei ständig weiterrühren. Die Gelierprobe machen.

3. Die Zimtstange entfernen und mit Muskatnuss würzen. Die heiße Apfelkonfitüre in die sterilisierten Gläser füllen, sofort fest verschließen und für ca. 5 Minuten auf den Deckel stellen. Dann wieder umdrehen und auskühlen lassen.

Apfelgelee

FÜR CA. 4 GLÄSER (à 300 ml)
2 kg Äpfel, möglichst noch nicht ganz ausgereift
1 unbehandelte Zitrone
Gelierzucker 1:1, Menge je nach Saftmenge

1. Die Äpfel waschen und in Spalten schneiden. Stiele und Blütenansätze entfernen. Die Apfelspalten in einen großen Topf geben und mit 500 ml Wasser übergießen. Die Zitrone heiß abwaschen, die Schale spiralförmig abschälen und zu den Äpfeln geben. Die Zitrone auspressen und den Saft ebenfalls dazugeben. Die Mischung erhitzen und die Äpfel weich kochen, jedoch nicht zerkochen!

2. Den Sud etwas abkühlen lassen. Ein Sieb mit einem Mulltuch auslegen und auf eine große Schüssel stellen. Den Sud über dem Sieb abschütten und in der Schüssel auffangen. Das Tuch an den Ecken zusammennehmen und den Inhalt über der Schüssel ausdrücken. Die erhaltene Menge an Saft abmessen und in einen Topf füllen. Die gleiche Menge Zucker abwiegen und hinzufügen.

3. Die Mischung aufkochen lassen und unter ständigem Rühren ca. 5 Minuten kräftig kochen. Dabei den entstehenden Schaum immer wieder mit einem Schaumlöffel abschöpfen. Dann die Gelierprobe machen.

4. Das fertige Gelee noch heiß in die sterilisierten Gläser füllen, sofort fest verschließen und für ca. 5 Minuten auf den Deckel stellen. Dann wieder umdrehen und auskühlen lassen.

Apfel-Avocado-Smoothie

» Trinken Sie sich schön! Cremig und unglaublich gesund ist dieser köstliche Smoothie, der bietet, was die Haut braucht: Vitamin C und E, Beta Carotin, ungesättigte Fettsäuren und vieles mehr. Süße Äpfel, saftige Gurke und allerlei Grünes machen diesen Smoothie zu einem Power-Trunk.

FÜR 2 PERSONEN

1 Handvoll Blattspinat
1 Handvoll Rucolablätter
¼ Bund glatte Petersilie
¼ Salatgurke
1 Apfel
½ Avocado
100 ml naturtrüber Apfelsaft
Saft von ½ Zitrone
100 ml Wasser

Außerdem:
2 TL Chia-Samen

1. Den Spinat, den Rucola und die Petersilie putzen, waschen und trocken schütteln. Die Salatgurke und den Apfel waschen. Den Apfel schälen und das Kerngehäuse entfernen. Die Avocado schälen und das Fruchtfleisch vom Kern lösen.

2. Alle Zutaten in einen Mixer geben und bis zur gewünschten Konsistenz pürieren. Zum Schluss das Wasser dazugeben.

3. Den Smoothie in Gläser füllen und die Chia-Samen als Topping darüberstreuen.

TIPP

Besonders erfrischend wird der Smoothie, wenn Sie zusätzlich ein paar Eiswürfel mit in den Mixer geben – ideal für den Sommer.

Obstsalat mit Minze

» *Die optimale Frühstückslösung mit Vitamin-Kick! Denn Apfel, Orange, Kiwi und Beeren enthalten jede Menge davon. Je nach Saison können Sie auch andere Früchte oder Beeren verwenden – ganz nach Ihrem Geschmack. Die Minze verleiht dem Obstsalat zusätzliche Frische.*

FÜR 2 PERSONEN
80 g Erdbeeren
80 g Heidelbeeren
1 Apfel
1 unbehandelte Orange
1 Kiwi
2 EL Orangensaft
1 TL Agavendicksaft
frische Minzblättchen

1. Die Erdbeeren und die Heidelbeeren putzen und waschen. Die Erdbeeren halbieren. Den Apfel waschen, vierteln, entkernen und in grobe Stücke schneiden.

2. Die Orange heiß abwaschen, trocken reiben und mit einer feinen Reibe etwas von der Schale abreiben. Die Orange und die Kiwi schälen. Die Orange filetieren, die Kiwi in grobe Stücke schneiden.

3. Das Obst und den Orangenabrieb in eine Schüssel geben. Mit dem Orangensaft und dem Agavendicksaft beträufeln und vorsichtig vermengen. Den Obstsalat auf zwei Schalen verteilen und mit Minze garnieren.

Apfel-Müsliriegel

» Mit vielen Vitaminen und Ballaststoffen sind diese Müsliriegel ein gesunder Energielieferant. Die knackig-fruchtigen Kraftriegel passen nicht nur zum Frühstück, sie sind auch ein echter Genuss für den Hunger zwischendurch.

FÜR CA. 12 STÜCK

200 g kernige Haferflocken
20 g Butter
1 Apfel
50 g gehackte Nüsse, z. B. Haselnüsse oder Walnüsse
30 g gehackte, getrocknete Heidelbeeren
200 g Apfelmus
5 EL Agavendicksaft
1 TL Zimt

1. Den Backofen auf 180 °C vorheizen. Die Hälfte der Haferflocken im Mixer zermahlen. Die Butter in einem Topf zerlassen und mit den ganzen Haferflocken vermengen.

2. Den Apfel waschen, schälen, entkernen und reiben. Das Haferflockenmehl, die Nüsse und die Heidelbeeren mit dem Apfel, dem Apfelmus, dem Agavendicksaft und dem Zimt unter die Haferflocken rühren.

3. Die Masse ca. 1,5 cm dick auf ein mit Backpapier ausgelegtes Backblech verstreichen und 20–25 Minuten goldbraun backen. Aus dem Ofen nehmen, vollständig abkühlen lassen und in Riegel schneiden.

Bircher-Müsli mit Äpfeln

» Dieser Frühstücksklassiker ist benannt nach dem Arzt Max Bircher-Benner. Mit zarten Haferflocken, süßen Äpfeln und knackigen Nüssen ist das Müsli nicht nur gesund, sondern auch unglaublich lecker. Damit die Haferflocken schön weich werden, müssen sie über Nacht eingeweicht werden.

FÜR 2 PERSONEN
100 g zarte Haferflocken
200 ml Milch
50 g Nüsse, z. B. Haselnüsse, Mandeln oder Walnüsse
1 EL Rosinen
1 Apfel
1 EL Agavendicksaft

1. Die Haferflocken mit der Milch verrühren. Die Schüssel zugedeckt über Nacht in den Kühlschrank stellen und die Haferflocken quellen lassen.

2. Am nächsten Morgen die Haferflocken noch einmal gut umrühren und gegebenenfalls noch etwas Milch dazugeben. Die Nüsse grob hacken und zusammen mit den Rosinen unter die Haferflocken rühren.

3. Den Apfel waschen, vierteln und das Kerngehäuse entfernen. In kleine Würfel schneiden, mit dem Agavendicksaft vermengen und unter das Müsli heben. Das Müsli auf zwei Schalen verteilen und servieren.

Vorspeisen

Mit ihrem angenehm süß-säuerlichen Aroma verleihen Äpfel auch herzhaften Gerichten eine herrlich frische Note. Ob knackige Salate oder cremige Suppen: Mit diesen Vorspeisen verwöhnen Sie Ihre Gäste schon ab dem ersten Bissen.

Apfelwein-Brot

» Ein selbst gebackenes Brot wertet jedes Menü auf und darf bei keinem festlichen Dinner fehlen. Mit einem besonders feinen Aroma überzeugt dieses Apfelwein-Brot, das pur, aber auch herzhaft oder süß belegt ein Genuss ist.

FÜR 2 BROTE
1 Würfel frische Hefe
1 EL Zucker
600 g Weizenmehl
400 g Dinkelmehl
3 TL Salz
600 ml Apfelwein

1. Die Hefe mit dem Zucker in 150 ml lauwarmem Wasser auflösen. Die beiden Mehlsorten in eine Schüssel sieben und mit dem Salz vermischen. Die Hefe samt Flüssigkeit hinzufügen und alles mit dem Apfelwein zu einem glatten Teig verkneten.
2. Den Teig bei Zimmertemperatur ca. 1 Stunde zugedeckt gehen lassen.
3. Dann den Teig mit den Händen erneut gut durchkneten, zwei Teiglinge formen und auf ein mit Backpapier ausgelegtes Backblech legen. Noch einmal für 1 Stunde an einem warmen Ort gehen lassen.
4. Den Backofen auf 200 °C vorheizen. Die beiden Teiglinge mit einem Messer einige Male einschneiden und im vorgeheizten Backofen ca. 45 Minuten goldbraun backen.

Apfel-Walnuss-Brot

» Dieses saftig-kernige Brot schmeckt nicht nur zur Vorspeise hervorragend. Mit etwas Butter und ein paar Kräutern bestreut oder mit einem kräftig-würzigen Käse belegt, ist es auch ein schmackhaftes Abendbrot.

FÜR 1 BROT

1 Würfel frische Hefe
3 EL Zuckerrübensirup
300 g Weizenvollkornmehl
400 g Dinkelmehl
2 TL Salz
1 TL getrockneter Thymian
150 g Apfelmus
2 Äpfel
100 g Walnüsse

1. Die Hefe zerbröckeln und mit dem Zuckerrübensirup in 100 ml lauwarmem Wasser auflösen. Die beiden Mehlsorten in eine Schüssel sieben und mit dem Salz und dem Thymian vermischen.

2. Die Hefe samt Flüssigkeit sowie das Apfelmus dazugeben und alles zu einem glatten Teig verkneten. Den Teig bei Zimmertemperatur ca. 1 Stunde gehen lassen.

3. Die Äpfel schälen, entkernen und fein würfeln. Die Walnüsse grob hacken. Zu dem Teig geben und alles verkneten.

4. Den Teig in eine mit Backpapier ausgelegte Kastenform geben und weitere 15–20 Minuten an einem warmen Ort gehen lassen.

5. Den Backofen auf 230 °C vorheizen. Das Brot im vorgeheizten Backofen auf der unteren Schiebeleiste insgesamt 40–45 Minuten backen.

6. Nach 10 Minuten Backzeit die Temperatur auf 200 °C reduzieren und das Brot fertig backen. Aus dem Ofen nehmen, 10 Minuten ruhen lassen, vorsichtig aus der Form stürzen und zum Abkühlen auf ein Kuchengitter setzen.

Apfel-Kürbis-Chutney

» Ursprünglich stammen Chutneys aus Indien, wo sie traditionell zu Reisgerichten, Fisch oder Fleisch gereicht werden. Die eingekochten Soßen auf Basis von saisonalen Früchten sind gleichzeitig süß, sauer und scharf und erinnern in ihrer Textur oft an Marmeladen. Dieses Apfel-Kürbis-Chutney schmeckt hervorragend auf frischem Brot, ist aber auch eine köstliche Ergänzung zu Fleisch- und Fischgerichten.

FÜR 4–6 GLÄSER (à 250 ml)
600 g säuerliche Äpfel,
z. B. Granny Smith
5 EL Zitronensaft
600 g Hokkaido-Kürbis
2 Zwiebeln
3 cm Ingwerwurzel
2 EL Sonnenblumenöl
50 g ungeschwefelte Rosinen
200 ml Apfelessig
150 g brauner Zucker
1 Zimtstange
Salz, Pfeffer

1. Die Äpfel waschen, schälen, entkernen und in 1–2 cm große Würfel schneiden. Mit dem Zitronensaft beträufeln. Den Kürbis waschen, putzen, vierteln, entkernen und das Fruchtfleisch ebenfalls in 1–2 cm große Würfel schneiden. Die Zwiebeln abziehen und fein würfeln. Den Ingwer schälen und fein reiben.

2. Das Öl in einer Pfanne erhitzen und die Zwiebeln darin glasig dünsten. Die Kürbis- und Apfelstücke sowie den Ingwer und die Rosinen dazugeben und kurz mitdünsten.

3. Mit dem Essig ablöschen, den Zucker einrühren, die Zimtstange hinzufügen und mit Salz und Pfeffer würzen. Alles kurz aufkochen lassen, dann die Temperatur reduzieren und das Chutney bei schwacher Hitze 20–25 Minuten ohne Deckel einkochen lassen, bis der Kürbis weich und die Masse dickflüssig ist.

4. Die Zimtstange herausnehmen und alles noch einmal mit Salz und Pfeffer abschmecken.

5. Das noch heiße Chutney in die sterilisierten Gläser füllen, sofort verschließen und die Gläser für ca. 15 Minuten auf den Kopf stellen. Dann wenden und vollständig auskühlen lassen. Kühl und dunkel gelagert ist das Apfel-Kürbis-Chutney bis zu 6 Wochen haltbar. Nach dem Öffnen sollte das Glas im Kühlschrank aufbewahrt und das Chutney innerhalb weniger Tage verzehrt werden.

Apfel-Zwiebel-Griebenschmalz

» Mit Äpfeln und Zwiebeln verfeinert, ist dieses selbst gemachte Griebenschmalz ein cremig-herzhafter Brotaufstrich, der besonders gut zu frischem Brot und einem Glas Apfelwein passt. Hübsch verpackt lassen sich die Gläser auch gut verschenken.

FÜR 2 GLÄSER (à 250 ml)

500 g Flomen oder Rückenspeck vom Schwein
2 Zwiebeln
1 Apfel, z. B. Boskop
½ TL Salz
½ TL getrockneter Majoran
½ TL getrockneter Thymian

1. Den Speck in feine Würfel schneiden, in einen großen Topf geben und bei geringer Hitze langsam erhitzen. Dabei gelegentlich rühren.

2. Nach 30–40 Minuten, wenn ordentlich Fett ausgetreten ist und sich die ersten Ansätze der kleinen Grieben bilden, die Hitze etwas erhöhen. Alles so lange weiterköcheln lassen, bis die Grieben goldbraun sind. Das Fett darf nicht zu heiß sein, damit nichts verbrennt, muss aber heiß genug sein, damit die Grieben knusprig werden.

3. Währenddessen die Zwiebeln abziehen und fein würfeln. Den Apfel waschen, vierteln, entkernen und ebenfalls in sehr kleine Würfel schneiden.

4. Das Schmalz mit den Grieben in ein feines Sieb abgießen und dabei das Schmalz auffangen. 2–3 Esslöffel Schmalz zurück in den Topf geben, die Zwiebelwürfel hinzufügen und bei mittlerer Hitze ca. 5 Minuten goldbraun anbraten. Dann die Apfelwürfel dazugeben, bissfest garen und mit dem Salz, dem Majoran und dem Thymian würzen. Das aufgefangene Schmalz und die Grieben abkühlen lassen. Den Topf vom Herd nehmen und den Inhalt ebenfalls abkühlen lassen.

5. Sobald das Schmalz beginnt fest zu werden, die Apfel- und Zwiebelwürfel sowie die Grieben unterrühren. Alles in sterilisierte Gläser füllen und gut verschließen. Im Kühlschrank hält sich das Griebenschmalz 2–3 Wochen.

Apfel-Carpaccio

» Traditionell besteht ein Carpaccio aus rohem, hauchdünn geschnittenem Rindfleisch sowie Rucola, Parmesan und Olivenöl. Diese vegetarische Variante mit Äpfeln und würzigem Ziegenkäse passt zu jeder Jahreszeit und ist blitzschnell zubereitet.

FÜR 4 PERSONEN
4 kleine Äpfel
8 EL Zitronensaft
200 g Ziegenweichkäse
1 Bund Rucola
200 g gemischte Sprossen
1 TL Honig
½ TL Senf
1 EL heller Balsamico-Essig
2 EL Olivenöl
frisch gemahlener Pfeffer
Salz

1. Die Äpfel waschen und das Kerngehäuse ausstechen. Die Äpfel in dünne Ringe schneiden und mit 6 Esslöffeln Zitronensaft von beiden Seiten beträufeln. Den Ziegenkäse in dünne Scheiben schneiden.
2. Den Rucola waschen und trocken schütteln, die Sprossen waschen und auf einem Sieb abtropfen lassen.
3. Aus dem restlichen Zitronensaft, dem Honig, dem Senf sowie dem Essig und dem Olivenöl eine Marinade anrühren. Mit Salz und Pfeffer abschmecken.
4. Apfelscheiben, Ziegenkäse und Rucola immer abwechselnd aufeinanderlegen und zu Türmchen stapeln. Mit den Sprossen garnieren, alles mit Marinade beträufeln und servieren.

Apfel-Lachs-Tatar

» Diese raffinierte Vorspeise lässt sich gut vorbereiten, ist äußerst schmackhaft und dabei sehr gesund. Die Kombination aus frischem Lachs und fruchtigen Äpfeln liefert hochwertige Omega-3-Fettsäuren, viele Vitamine und wertvolle Nährstoffe.

FÜR 4 PERSONEN

Für das Tatar:

300 g sehr frisches Lachsfilet
1 kleine Zwiebel
½ Bund Schnittlauch
1–2 Äpfel, z. B. Granny Smith
2 EL Zitronensaft
1 EL Olivenöl
1 Prise Zucker
Salz, Pfeffer

Zum Anrichten der Variante 1:

4 Apfelviertel

Zum Anrichten der Variante 2:

12 Apfelscheiben
etwas Brunnenkresse

1. Für das Tatar das Lachsfilet unter fließend kaltem Wasser abwaschen und mit Küchenkrepp trocken tupfen. Die Haut mit einem scharfen Messer entfernen. Dann den Lachs in kleine Würfel schneiden und in eine Schüssel geben.
2. Die Zwiebel abziehen und fein würfeln. Den Schnittlauch waschen, trocken schütteln und fein hacken. Zwiebeln und Schnittlauch zum Lachs geben. Die Äpfel waschen, vierteln, entkernen und fein würfeln. Ebenfalls in die Schüssel geben und alles gut vermischen.
3. Den Zitronensaft und das Olivenöl untermengen und alles mit Salz, Pfeffer und Zucker abschmecken.

TIPP

Reichen Sie geröstete Brotscheiben zu dieser Vorspeise.

Variante 1

Variante 1:

4.1. Die Apfelviertel in dünne Scheiben schneiden. Zum Anrichten jeweils einen Servierring auf einen Teller legen und das Tatar hineinfüllen. Den Ring entfernen, das Tatar mit den Apfelscheiben garnieren und servieren.

Variante 2:

4.2. Abwechselnd je 1–2 Esslöffel Tatar auf eine Apfelscheibe schichten. Die erste und letzte Schicht ist jeweils eine Apfelscheibe. Das Tatar mit Brunnenkresse garniert servieren.

5. Dazu schmeckt Baguette und Honigsenf.

TIPP

Anstelle von frischem Lachs können Sie auch Räucherlachs verwenden.

Apfel-Honig-Dressing

FÜR 4 PERSONEN
150 ml ungesüßter Apfelsaft
4 EL Apfelessig
1 EL Honig
1 EL Senf
1 EL Olivenöl
Salz, Pfeffer

1. Den Apfelsaft mit dem Apfelessig, dem Honig, dem Senf und dem Öl mit einem Schneebesen verrühren.

2. Das Dressing mit Salz und Pfeffer abschmecken.

Fruchtiger Babyspinat-Salat

» Dieser bunte Salat ist reich an Antioxidantien, liefert gesunde Fette, zahlreiche Vitamine und andere wichtige Nährstoffe.

FÜR 4 PERSONEN
350 g Babyspinat
1 roter Apfel
2 EL Zitronensaft
50 g Cranberrys
1 kleine rote Zwiebel
50 g Walnüsse
100 g Fetakäse
Apfel-Honig-Dressing (siehe Seite 44)

1. Den Spinat putzen, waschen und auf einem Sieb abtropfen lassen.
2. Den Apfel waschen, vierteln und entkernen. In feine Spalten schneiden und diese von beiden Seiten mit dem Zitronensaft beträufeln. Die Cranberrys waschen. Die Zwiebel abziehen, halbieren und in dünne Ringe schneiden. Die Walnüsse vierteln und den Feta zerbröckeln. Alle Salatzutaten in einer Schüssel miteinander vermengen.
3. Den Salat auf Tellern anrichten, das Apfel-Honig-Dressing darüberträufeln und servieren.

Blattsalat mit Gorgonzola

» Herzhaft-würzig, süß und knackig – dieser gemischte Blattsalat mit Äpfeln, Gorgonzola und Walnüssen verspricht ein intensives Geschmackserlebnis.

FÜR 4 PERSONEN
350 g gemischter Blattsalat
1 roter Apfel
2 EL Zitronensaft
100 g Blauschimmelkäse, z. B. Gorgonzola oder Roquefort
50 g Walnüsse
Apfel-Honig-Dressing (siehe Seite 44)

1. Den Salat putzen, waschen und auf einem Sieb abtropfen lassen.
2. Den Apfel waschen, vierteln, entkernen, würfeln und mit dem Zitronensaft beträufeln. Den Käse ebenfalls würfeln und die Walnüsse halbieren. Alle Salatzutaten in einer Schüssel miteinander vermengen.
3. Den Salat auf Tellern anrichten, das Apfel-Honig-Dressing darüberträufeln und servieren.

Heringssalat mit Äpfel

» Ursprünglich ein Gericht aus Skandinavien, gibt es den würzigen, mit Äpfeln verfeinerten Heringssalat inzwischen in vielen verschiedenen Varianten.

FÜR 4 PERSONEN
500 g Kartoffeln
3 Eier
200 g Heringsfilet
2 Äpfel
200 g saure Sahne
4 EL Mayonnaise
1 EL Senf
1 EL Apfelessig
Salz, Pfeffer

1. Die Kartoffeln waschen und in reichlich Salzwasser ca. 20 Minuten gar kochen. Danach abgießen, etwas abkühlen lassen, pellen und in ca. 1 cm große Würfel schneiden.

2. Die Eier ca. 10 Minuten hart kochen. Dann abschrecken, pellen und ebenfalls in Würfel schneiden. Das Heringsfilet in kleine Stücke schneiden. Die Äpfel schälen, vierteln, entkernen und würfeln. Die Kartoffeln, die Eier, das Heringsfilet und die Äpfel in einer Schüssel miteinander vermengen.

3. Für das Dressing die saure Sahne mit der Mayonnaise, dem Senf und dem Apfelessig vermischen. Mit Salz und Pfeffer abschmecken.

4. Das Dressing unter den Heringssalat mischen und den Salat mindestens 10 Minuten ziehen lassen. Danach noch einmal abschmecken.

Krabbensalat mit Früchten

» Würziges Krabbenfleisch trifft auf süße Früchte! Dieser Krabbensalat ist eine Abwandlung des klassischen Krabbencocktails, der international ab den 1960er-Jahren in Mode kam.

FÜR 4 PERSONEN
1 kleine Dose Ananas
1 kleine Dose Mais
100 g Krabbenfleisch
200 g Surimi
1 Apfel
1 EL Zitronensaft
1 EL Mayonnaise
1 TL Honigsenf
1 TL Sahne-Meerrettich
1 TL Cognac
Salz, Pfeffer

Zum Garnieren:
frischer Dill

1. Die Ananas auf einem Sieb abtropfen lassen und würfeln. Den Mais ebenfalls abtropfen lassen. Das Krabbenfleisch unter fließend kaltem Wasser abspülen und mit Küchenkrepp trocken tupfen. Das Krabbenfleisch und das Surimi in kleine Stücke schneiden.

2. Den Apfel waschen, vierteln und entkernen. In kleine Würfel schneiden und mit dem Zitronensaft beträufeln. Alle Zutaten miteinander vermengen.

3. Für das Dressing die Mayonnaise mit dem Senf, dem Meerrettich und dem Cognac verrühren. Mit Salz und Pfeffer abschmecken. Das Dressing über den Salat geben und alles gut miteinander vermischen. Den Dill waschen, trocken schütteln und klein schneiden. Einen Servierring auf einen Teller legen und den fertigen Salat hineingeben. Den Servierring entfernen, mit etwas Dill garnieren und servieren.

Garnelenspieße auf Apfelscheiben

» Garnelen, häufig auch Shrimps genannt, enthalten viel Protein, liefern wertvolles Jod sowie andere wichtige Nährstoffe und sind dabei sehr fettarm. Mit ihrem festen Fleisch und dem mild-nussigen Geschmack passen die Schalentiere ideal zu süß-säuerlichen Äpfeln. Die aromatische Soße verleiht dem Gericht den letzten Schliff.

1. Den Ingwer schälen, die Schalotte sowie den Knoblauch abziehen und alles fein hacken. 1 Esslöffel von dem Öl in einem kleinen Topf erhitzen und den Ingwer, die Schalotte sowie den Knoblauch darin andünsten. Das Curry darüberstäuben, den Fischfond und die Sahne angießen und aufkochen. Mit Salz und Pfeffer würzen. Den Soßenbinder einstreuen und die Soße unter Rühren 1 Minute kochen. Danach warm halten.

2. Die Garnelen auf leicht geölte Holzspieße stecken. Einen weiteren Esslöffel von dem Öl in einer beschichteten Pfanne erhitzen und die Spieße darin 3–4 Minuten braten. Dann ebenfalls warm stellen.

3. Die Sprossen waschen und auf einem Sieb abtropfen lassen. Den Apfel waschen, das Kerngehäuse entfernen und das Fruchtfleisch in sehr dünne Scheiben schneiden. Das restliche Öl in einer großen beschichteten Pfanne erhitzen und die Apfelscheiben darin kurz anbraten. Dabei mit der Chilisauce bepinseln.

4. Die Soße mit einem Pürierstab kurz durchmixen. Die Apfelscheiben und Sprossen auf Teller geben und die Spieße darauf anrichten. Mit der Soße zusammen servieren.

TIPP
Alfalfasprossen schmecken frisch am besten. Bei einer Temperatur von 2 bis 5 °C sind sie ca. 7 Tage haltbar.

FÜR 3 PERSONEN

3 cm Ingwerwurzel
1 kleine Schalotte
1 Knoblauchzehe
3 EL Pflanzenöl
1–2 TL Currypulver
125 ml Fischfond, aus dem Glas
125 ml süße Sahne
3 EL heller Soßenbinder, z. B. von Mondamin
12 küchenfertige Garnelen
50 g Alfalfasprossen
1 kleiner Apfel
3–4 TL Chilisauce
Salz, Pfeffer

Außerdem:
Holzspieße

TIPP

Für eine vegane Variante der Pastinaken-Apfel-Suppe können Sie die Sahne durch Kokosmilch oder Hafersahne ersetzen und die Crème fraîche durch eine vegane Alternative.

Pastinaken-Apfel-Suppe

» Mit ihrem vollmundigen Aroma und der cremigen Konsistenz ist diese Pastinaken-Apfel-Suppe ein wohltuendes und nahrhaftes Gericht für kalte Tage. Die würzige, leicht süße und angenehm erdige Note des Wurzelgemüses harmoniert ausgezeichnet mit der natürlichen Süße der Äpfel und bietet ein außergewöhnliches Geschmackserlebnis.

FÜR 4 PERSONEN
500 g Pastinaken
1 Apfel
1 Zwiebel
3 EL Olivenöl
1 l Gemüsebrühe
200 ml süße Sahne
Currypulver
Salz, Pfeffer

Zum Garnieren:
1 Lauchzwiebel
1 EL Schwarzkümmel
4 EL Crème fraîche
Paprikapulver edelsüß

1. Die Pastinaken waschen, schälen und in Würfel schneiden. Den Apfel schälen, entkernen und würfeln. Die Zwiebel abziehen und fein würfeln.

2. In einem Topf das Olivenöl erhitzen und die Zwiebel darin glasig dünsten. Die Pastinaken- und Apfelwürfel hinzufügen, kurz mitdünsten und mit der Gemüsebrühe ablöschen. Die Suppe kurz aufkochen lassen, dann die Hitze reduzieren und das Ganze 15–20 Minuten köcheln lassen.

3. Sind die Pastinaken- und Apfelstücke weich, die Suppe pürieren. Die Sahne angießen, mit Curry, Salz und Pfeffer abschmecken und noch einmal erhitzen.

4. Inzwischen die Lauchzwiebel putzen, waschen, trocken schütteln und in feine Ringe schneiden.

5. Die Suppe in Schalen geben und mit den Lauchzwiebelringen, dem Schwarzkümmel, der Crème fraîche und dem Paprikapulver bestreut servieren. Dazu schmeckt frisches Baguette.

Apfel-Kürbis-Suppe

>> Perfekt für trübe Herbsttage ist diese wunderbar aromatische Suppe. Während Apfel und Kürbis reichlich Vitamine liefern, wärmen Gewürze wie Curry, Zimt und Muskat den Körper von innen. Ob als leichtes Abendessen beim gemütlichen Spieleabend oder als Vorspeise zum eleganten Dinner – mit diesem Gericht liegen Sie immer richtig.

FÜR 4 PERSONEN

Für die Suppe:
1 kg Butternut-Kürbis
1 Zwiebel
2 Äpfel, z. B. Boskop
3 EL Olivenöl
1 l Gemüsebrühe
2 TL Currypulver
1 TL frisch geriebener Ingwer
1 Prise Zimt
300 ml süße Sahne
1 EL Butter
1 EL Honig
Muskat
Salz, Pfeffer

Zum Verfeinern:
3–4 EL Kürbiskerne
frische Minzblättchen

1. Den Kürbis schälen und die Kerne entfernen. Das Fruchtfleisch in Würfel schneiden. Die Zwiebel abziehen und fein würfeln. Einen der Äpfel schälen, vierteln, entkernen und grob würfeln.
2. Das Olivenöl in einem Topf erhitzen und die Zwiebel darin glasig dünsten. Die Kürbis- und Apfelwürfel dazugeben, kurz mit andünsten und danach mit der Gemüsebrühe ablöschen. Alles zugedeckt bei schwacher Hitze ca. 20 Minuten köcheln lassen.
3. Die Suppe mit dem Currypulver, dem Ingwer, dem Zimt, Muskat, Salz und Pfeffer abschmecken. Anschließend vom Herd nehmen und pürieren.
4. 200 ml von der Sahne dazugeben und nochmals mit etwas Salz und Pfeffer abschmecken.
5. Für die Dekoration den zweiten Apfel waschen, entkernen und in schmale Spalten schneiden. Die Butter in einer Pfanne zerlassen, den Honig hinzufügen und leicht karamellisieren lassen. Nun die Apfelspalten hinzufügen und weich braten. Dabei regelmäßig wenden.
6. Die Suppe in Teller füllen und mit den Apfelspalten, der restlichen Sahne, den Kürbiskernen und den Minzblättchen garniert servieren. Dazu schmeckt leicht geröstetes Weißbrot.

TIPP

Nach Belieben können Sie die gedünsteten Zwiebel-, Kürbis- und Apfelstücke mit einem Schuss Calvados oder Weißwein ablöschen, bevor Sie die Gemüsebrühe angießen.

Hauptspeisen

In diesem Kapitel erhalten Sie viele weitere inspirierende Rezeptideen, in denen die facettenreiche Frucht zeigen kann, was in ihr steckt. Vom saftigen Braten bis zum knusprigen Flammkuchen ist jedes Gericht ein Genuss.

Feurige Mulligatawny-Suppe

» Diese scharfe Curry-Suppe hat ihren Ursprung in Indien und wurde während der Kolonialzeit im 19. Jahrhundert nach Großbritannien exportiert. Durch die Vereinigung von britischen Kochgewohnheiten und indischen Zutaten entstand dieses raffinierte Rezept, das bis heute ein fester Bestandteil der britischen Küche ist.

FÜR 4 PERSONEN

1 Zwiebel
1 Knoblauchzehe
1 Karotte
100 g Knollensellerie
1 kleine Stange Lauch
2 cm Ingwerwurzel
3 EL Pflanzenöl
2 TL Currypulver
2 TL edelsüßes Paprikapulver
2 TL Garam Masala (indische Gewürzmischung)
1 Apfel, z. B. Elstar
1 Mango
2 EL Tomatenmark
750 ml Hühnerbrühe
600 g Hähnchenbrustfilet
1 kleine rote Chilischote
400 ml Kokosmilch
etwas Limettensaft
Cayennepfeffer
Salz

Außerdem:
½ Bund Koriander

TIPP
Wenn Sie möchten, können Sie die Suppe zusätzlich mit Reis oder roten Linsen anrichten.

1. Die Zwiebel abziehen und fein würfeln. Den Knoblauch abziehen und hacken. Die Karotte und den Sellerie schälen und würfeln. Den Lauch waschen, putzen und in Ringe schneiden. Den Ingwer schälen und hacken.

2. Das Öl in einem großen Topf erhitzen und die Zwiebel und den Knoblauch darin dünsten, bis die Zwiebeln glasig sind. Die Karotten, den Sellerie, den Lauch und den Ingwer hinzufügen und mitdünsten. Dann das Curry- und das Paprikapulver sowie das Garam Masala dazugeben und ebenfalls mitdünsten.

3. Den Apfel schälen, vierteln, entkernen und würfeln. Die Mango schälen, das Fruchtfleisch vom Kern abschneiden und grob würfeln. Das Obst in den Topf geben und kurz darin andünsten. Dann das Tomatenmark hinzufügen und kurz anrösten.

4. Die Hühnerbrühe angießen und die Suppe aufkochen lassen. Das Hähnchenbrustfilet in die Suppe geben und bei geschlossenem Deckel ca. 20 Minuten bei mittlerer Hitze köcheln lassen. Das Hähnchenfilet herausnehmen und abkühlen lassen.

5. Die Suppe ohne das Hähnchen weitere 30 Minuten köcheln lassen. Danach mit dem Pürierstab pürieren. Die Chilischote waschen, halbieren, entkernen und fein hacken. Die Kokosmilch unterrühren, die Chilischote hinzufügen und die Suppe mit Limettensaft, Cayennepfeffer und Salz abschmecken. Gegebenenfalls auch mit etwas mehr Currypulver und Garam Masala nachwürzen.

6. Das Hähnchenbrustfilet in mundgerechte Stücke schneiden und noch einmal in der Suppe erwärmen. Den Koriander waschen, trocken schütteln und hacken. Die Suppe auf Tellern anrichten und mit Koriander garniert servieren.

Kichererbseneintopf mit Apfel-Salsa

» Dieser vegetarische Eintopf bildet mit der fruchtigen Apfel-Salsa eine köstliche Mischung aus süß und pikant. Das Gericht ist aber nicht nur äußerst schmackhaft, sondern auch vollgepackt mit pflanzlichem Eiweiß und Ballaststoffen.

1. Die Kichererbsen in ein Sieb abgießen, abspülen und abtropfen lassen. Den Lauch putzen, waschen und in Ringe schneiden. Die Karotten schälen und leicht schräg in Scheiben schneiden.

2. Den Sellerie waschen und ebenfalls leicht schräg in Scheiben schneiden. Die Chilischote halbieren, von den Kernen befreien und in dünne Ringe scheiden.

3. Das Olivenöl in einem großen Topf erhitzen. Den Lauch, die Karotten, den Sellerie und die Chili darin hellbraun anbraten und mit Pfeffer würzen. Den Ingwer schälen und fein reiben.

4. Den Ingwer, den Kreuzkümmel und das Kurkuma zum Gemüse geben und kurz mitrösten. Die Gemüsebrühe angießen, die Kichererbsen dazugeben und alles ca. 15 Minuten köcheln lassen.

5. Währenddessen für die Salsa den Sellerie waschen und fein würfeln. Den Apfel waschen, vierteln, entkernen und ebenfalls fein würfeln. Den Koriander waschen, trocken schütteln und fein hacken. Die Salsa-Zutaten mit dem Limettensaft und dem Ahornsirup vermengen und mit Salz abschmecken.

6. Die Minze waschen, trocken schütteln, die Blättchen von den Stielen abzupfen und grob hacken. Den Eintopf noch einmal mit Salz abschmecken. In Schalen anrichten, mit der Salsa und jeweils einem Esslöffel Schmand garnieren und servieren.

FÜR 4 PERSONEN

Für den Eintopf:

800 g Kichererbsen, aus der Dose
1 Stange Lauch
350 g Karotten
175 g Staudensellerie
1 rote Chilischote
3 EL Olivenöl
2 cm Ingwerwurzel
1 EL gemahlener Kreuzkümmel
1 TL Kurkumapulver
1,5 l Gemüsebrühe, z. B. von Knorr
½ Bund Minze
4 EL Schmand
Salz, Pfeffer

Für die Salsa:

175 g Staudensellerie
1 grüner Apfel
1 kleiner Bund Koriander
Saft von 1 Limette
1 TL Ahornsirup
Salz

Curry-Apfel-Quiche

>> Diese Quiche mit Lauch und Apfel überzeugt mit einer einzigartigen Kombination von herzhaften und süßen Aromen, abgerundet durch eine leicht exotische Currynote.

FÜR 1 QUICHEFORM (ø 24 cm)

1 Packung Blätterteig, aus dem Kühlregal
500 g Lauch
1 säuerlicher Apfel
100 g geräucherter Putenbrust-Aufschnitt
1 EL Margarine
3 Eier
200 g Schmand
2 TL Instant-Hühnerbrühe, z. B. von Knorr
3 TL Currypulver
Zucker
Salz, Pfeffer

1. Den Backofen auf 200 °C vorheizen. Eine Quicheform mit dem Blätterteig auslegen. Den Lauch putzen, waschen und in Ringe schneiden. Den Apfel waschen, entkernen und in dünne Spalten schneiden. Die Putenbrust in ca. 1 cm breite Streifen schneiden.

2. Die Margarine in einer Pfanne erhitzen, den Lauch darin kurz andünsten, etwas Zucker dazugeben, mit Salz abschmecken und weitere 2 Minuten dünsten. Vom Herd nehmen und die Apfelspalten unterschwenken. Mit der Putenbrust auf den Blätterteig geben.

3. Die Eier, den Schmand, die Instant-Hühnerbrühe und das Curry verrühren, pfeffern und über die Füllung geben. Die Quiche im vorgeheizten Backofen 25–30 Minuten auf der untersten Schiene backen.

Schupfnudel-Pfanne mit Apfel-Sauerkraut

» Schupfnudeln wurden bereits im 17. Jahrhundert zubereitet. Über die Jahrhunderte entwickelten sich je nach Region unterschiedliche Rezepte und Zubereitungsarten.

FÜR 4 PERSONEN
500 g mehligkochende Kartoffeln
2 Eigelb
150 g Mehl
2 Äpfel
1 EL Margarine
720 g Sauerkraut, aus der Dose
200 ml Apfelsaft
1 Prise Zucker
2 EL Pflanzenöl
50 g Speckwürfel
Salz, Pfeffer

1. Die Kartoffeln in reichlich Salzwasser gar kochen, abgießen, schälen und durch eine Kartoffelpresse drücken. Das Eigelb, das Mehl sowie Salz und Pfeffer hinzufügen und alles gut verkneten. Alternativ können Sie auch eine Packung Pfanni Teig für Klöße (aus gekochten Kartoffeln) mit dem Eigelb, einem Esslöffel Margarine und ca. 450 ml Wasser verrühren und 5 Minuten quellen lassen.

2. Die Äpfel waschen, entkernen, würfeln und in einem Topf in der erhitzten Margarine dünsten. Das Sauerkraut und den Apfelsaft hinzufügen, erhitzen und mit Zucker und Salz würzen.

3. Den Teig ca. 3 cm dick ausrollen, in 0,5 cm dicke Scheiben schneiden und daraus fingerdicke Schupfnudeln formen. In kochendem Salzwasser ca. 10 Minuten kochen. Abgießen, abtropfen lassen und in einer Pfanne in dem erhitzten Öl bei mittlerer Hitze goldgelb braten. Herausnehmen und den Speck anbraten.

4. Die Schupfnudeln mit dem Apfel-Sauerkraut anrichten und mit den Speckwürfeln bestreut servieren.

FÜR 4 PERSONEN

400 g mehligkochende Kartoffeln, gegart
400 g mehligkochende Kartoffeln, roh
1 Ei
80 g Kartoffelmehl
800 g Weißkohl
1 Zwiebel
2 Paprika

2 EL Pflanzenöl
500 ml fettarme Milch
6 EL heller Soßenbinder, z.B. von Mondamin
1 EL Currypulver
100 g Schmand
50 ml Apfelsaft

Muskat
Salz

Außerdem:
Fett für die Form
1 Bund Schnittlauch

Weißkohl-Curry-Gratin mit Apfelsaft

>> *Weißkohl enthält eine Vielzahl an Vitaminen, macht lange satt und ist richtig zubereitet unglaublich lecker! Der Apfelsaft verleiht diesem Gratin eine leichte Fruchtnote.*

1. Die gegarten Kartoffeln pellen und durch eine Kartoffelpresse drücken. Die rohen Kartoffeln schälen, reiben, auf ein Tuch geben und auspressen. Dabei die austretende Flüssigkeit auffangen.

2. Beide Kartoffelmassen zusammen mit dem Ei vermengen, mit Muskat und Salz abschmecken. Dann das Kartoffelmehl unterrühren, den Teig gut verkneten und 20 Minuten ruhen lassen.

3. In einem großen Topf Wasser, die aufgefangene Stärke und Salz aufkochen lassen. Die Kartoffelmasse zu Knödeln formen, in das kochende Wasser geben und die Hitze reduzieren. Die Knödel ca. 20 Minuten im nicht mehr kochenden Wasser ziehen lassen. Soll es einmal schnell gehen, können Sie auch eine Packung Pfanni für Kartoffelknödel (halb und halb) verwenden und diese nach Packungsanweisung zubereiten.

4. Den Backofen auf 180 °C vorheizen und eine Auflaufform einfetten.Die Knödel in Scheiben schneiden. Den Weißkohl waschen, halbieren, den Strunk entfernen und in schmale Spalten schneiden. Die Zwiebel abziehen und würfeln. Die Paprika entkernen, waschen und würfeln.

5. Das Öl in einer großen Pfanne erhitzen und die Weißkohlspalten bei schwacher Hitze ca. 5 Minuten braten. Die Paprikawürfel, die Knödel und die Zwiebeln dazugeben und 5 Minuten mitbraten.

6. Die Milch in einem Topf aufkochen. Den Soßenbinder, das Curry, den Schmand und den Apfelsaft hineinrühren und ca. 1 Minute kochen.

7. Das Gemüse und die Knödel in die vorbereitete Auflaufform geben, die Soße darübergießen und das Gratin im vorgeheizten Backofen 40–45 Minuten backen.

8. Den Schnittlauch waschen, trocken schütteln und klein schneiden. Das Weißkohl-Curry-Gratin vor dem Servieren damit bestreuen.

Ananas-Hähnchen-Spieß mit Rotkohl-Apfelsalat

» Mit würzigem Hähnchenfleisch und fruchtiger Ananas sind diese Grillspieße ein herrlich leichtes Sommergericht. Der knackige Salat rundet den Geschmack ab, ist im Handumdrehen zubereitet und generell eine wunderbare Beilage zu gegrilltem Fleisch.

FÜR 4 PERSONEN
500 g Hähnchenbrustfilet
2 Knoblauchzehen
200 ml Barbecue-Soße (Rezept siehe Seite 66)
1 rote Paprika
1–2 rote Zwiebeln
250 g Ananasstücke
5 EL Olivenöl
200 g frischer Rotkohl
200 g Rote-Bete-Blätter
200 g Äpfel
50 g Walnüsse
3 EL Petersilie, gehackt
2 EL Balsamico-Essig
2 TL Honig
Salz, Pfeffer

Außerdem:
Holzspieße

1. Die Hähnchenbrustfilets in 2 cm breite Stücke schneiden. Den Knoblauch abziehen, fein hacken und mit der Barbecue-Soße in einer Schüssel verrühren. Soll es einmal schnell gehen, können Sie auch ein Glas fertige Barbecue-Soße, z. B. von Knorr, verwenden. Das Hähnchenfleisch mit der Hälfte der Marinade vermischen und zugedeckt 30 Minuten kühl stellen.

2. Die Paprika waschen, entkernen und in 2 cm breite Stücke schneiden. Die Zwiebeln abziehen und ebenfalls in 2 cm breite Stücke schneiden. Das marinierte Hähnchen abwechselnd mit der Paprika, der Zwiebel und der Ananas auf die Spieße stecken. Mit 2 Esslöffeln von dem Olivenöl bestreichen und mit Salz und Pfeffer würzen.

3. Die Spieße auf dem Grill oder in einer Grillpfanne bei nicht zu starker Hitze 10–12 Minuten rundherum grillen, bis das Fleisch gar ist.

4. Für den Salat inzwischen den Rotkohl waschen, den Strunk entfernen und in feine Streifen schneiden. Die Rote-Bete-Blätter waschen, trocken schütteln und in Streifen schneiden. Die Äpfel waschen, entkernen und in dünne Streifen schneiden. Die Walnüsse grob hacken. Alle Salatzutaten in einer Schüssel mit der Petersilie vermengen.

5. Für das Salatdressing den Balsamico-Essig mit dem Honig und den restlichen 3 Esslöffeln Olivenöl verrühren und mit Salz und Pfeffer abschmecken. Alternativ können Sie auch ein Päckchen Knorr Salatkrönung Balsamico-Kräuter nach Packungsanweisung zubereiten. Das Dressing über den Salat geben und alles gut vermischen.

6. Die fertig gegarten Hähnchen-Spieße mit der restlichen Marinade bestreichen und noch einmal für 1–2 Minuten rundherum grillen. Dann mit dem Rotkohl-Apfelsalat auf Tellern anrichten und servieren. Dazu passt frisches Weißbrot.

Apfel-Gorgonzola-Burger

» Genießen Sie Cheeseburger einmal anders: Dieser Burger besticht durch ein saftiges Rindfleischpatty, pikanten Blauschimmelkäse und eine würzige Barbecue-Soße. Das fruchtig-süße Aroma der karamellisierten Apfelscheiben rundet den pikanten Geschmack ab. Nicht nur für Burgerfans der pure Genuss!

1. Für die Barbecue-Soße den Knoblauch abziehen und sehr fein würfeln. Das Tomatenmark, den Ketchup, den Essig, den Zucker, den Honig sowie das Rauchsalz in einen Topf geben und unter Rühren aufkochen lassen. Dann die Hitze reduzieren und die Soße ca. 15 Minuten bei schwacher Hitze köcheln lassen. Dabei gelegentlich umrühren. Wird die Soße zu dick, etwas Wasser hinzufügen. Mit Worcestersauce und frisch gemahlenem Pfeffer abschmecken und abkühlen lassen. Wer es gerne schärfer mag, kann nach Belieben auch etwas Chilisoße hinzufügen.

2. Für die Burger die Äpfel waschen, das Kerngehäuse entfernen und das Fruchtfleisch in ca. 0,5 cm dicke Scheiben schneiden. Die Butter in einer Pfanne erhitzen und die Apfelringe darin goldbraun backen. Mit dem Honig beträufeln und karamellisieren lassen.

3. Die Salatblätter waschen und trocken schütteln, die Zwiebeln abziehen und in Ringe schneiden. Den Blauschimmelkäse in Scheiben schneiden. Den Backofen auf Grillfunktion vorheizen. Die Brötchen halbieren und die Schnittflächen unter dem Grill leicht anrösten.

4. Das Hackfleisch mit Salz und Pfeffer würzen, gut vermischen und 4 Pattys daraus formen. Das Öl in einer Pfanne erhitzen und die Pattys auf beiden Seiten jeweils ca. 3–4 Minuten braten. Aus der Pfanne nehmen und sofort mit dem Blauschimmelkäse belegen.

5. Die Brötchenunterseite jeweils mit etwas Barbecue-Soße bestreichen, darauf ein Kopfsalatblatt und zwei Apfelscheiben legen. Dann das mit Käse belegte Patty daraufsetzen und die Zwiebelringe darauf verteilen. Zum Schluss den Brötchendeckel darauflegen und den Burger servieren. Dazu passen Pommes Frites und Feldsalat.

TIPP

Wenn Sie keine rohen Zwiebeln vertragen, können Sie diese auch in einer Pfanne glasig dünsten oder karamellisieren. Dazu einfach wie für die karamellisierten Apfelringe Butter in einer Pfanne erhitzen, die Zwiebeln darin andünsten und mit Honig karamellisieren.

FÜR 4 PERSONEN

Für die Burger:
2 rote Äpfel, z. B. Elstar
2 EL Butter
1–2 EL Honig
4 Blätter Kopfsalat
2–3 rote Zwiebeln
200 g Blauschimmelkäse, z. B. Gorgonzola
4 Burgerbrötchen
500 g Rinderhackfleisch
3 EL Pflanzenöl
Salz, Pfeffer

Für die Barbecue-Soße:
1 Knoblauchzehe
100 g Tomatenmark
100 ml Tomatenketchup
60 ml Weißweinessig
5 EL brauner Zucker
2 EL Honig
2 TL Rauchsalz
Worcestersoße
Chilisoße, nach Belieben
frisch gemahlener Pfeffer

Apfel-Hähnchen-Curry

» Saftige Hähnchenstücke, fruchtige Äpfel und eine aromatische Currysoße – diese köstliche Mischung schmeckt nach einem Urlaub im fernen Asien.

FÜR 4 PERSONEN
1 Zwiebel
500 g Hähnchenbrustfilet
3 EL Pflanzenöl
1–2 EL Currypulver
40 ml Calvados
200 ml Apfelsaft
2 Äpfel
200 ml süße Sahne
Salz, Pfeffer

Zum Garnieren:
frische glatte Petersilie

1. Die Zwiebel abziehen und würfeln. Das Hähnchenbrustfilet in mundgerechte Stücke schneiden und mit Salz und Pfeffer würzen. In einer Pfanne das Öl erhitzen und die Hähnchenstücke darin von allen Seiten anbraten.

2. Das Hähnchen aus der Pfanne nehmen und die Zwiebelwürfel im gleichen Fett dünsten, bis sie glasig sind. Das Currypulver darüberstäuben, mit dem Calvados und dem Apfelsaft ablöschen und 5 Minuten köcheln lassen.

3. Inzwischen die Äpfel schälen, entkernen und in Würfel schneiden. Das Hähnchen zusammen mit den Apfelwürfeln in die Soße geben und bei geschlossenem Deckel ca. 10 Minuten köcheln lassen.

4. Die Sahne angießen und mit Salz und Pfeffer sowie gegebenenfalls noch etwas Currypulver abschmecken. In Schalen anrichten und mit Petersilie garniert servieren. Dazu passt Reis.

Hähnchenschenkel aus dem Ofen

>> Dieses Gericht kommt nicht nur mit wenigen Zutaten aus, sondern ist auch gut vorzubereiten. So haben Sie Zeit für Ihre Gäste, während das Hähnchen im Ofen schmort.

FÜR 4 PERSONEN
4 Äpfel
2 Zwiebeln
600 g Hähnchenkeulen
4 Zweige Rosmarin
2 EL Olivenöl
Salz, Pfeffer

1. Den Backofen auf 180 °C vorheizen.

2. Die Äpfel waschen, halbieren, entkernen und in Spalten schneiden. Die Zwiebeln abziehen, halbieren und in Ringe schneiden.

3. Die Apfelspalten und Zwiebelringe mit den Hähnchenkeulen in eine Auflaufform geben. Den Rosmarin waschen, trocken schütteln und ebenfalls hinzufügen. Mit dem Öl beträufeln, mit Salz und Pfeffer würzen und alles miteinander vermengen.

4. Im vorgeheizten Ofen 35–40 Minuten backen, bis das Hähnchen goldbraun ist. Dazu passen Rosmarinkartoffeln.

TIPP

Wenn man die Holzspieße vor dem Grillen wässert, verbrennen sie nicht so schnell auf dem Grill.

Apfel-Hähnchen-Spieße

» Ein Grillabend mit Familie und Freunden ist eine entspannende Auszeit vom Alltag. Überraschen Sie Ihre Lieben mit diesen saftigen Spießen und den verschiedenen Dips.

FÜR 4 SPIESSE

Für die Marinade:
2 EL brauner Zucker
1 EL Paprikapulver edelsüß
1 TL Pfeffer
1 TL Salz
½ TL Knoblauchpulver
4 EL Pflanzenöl
1 Chilischote

Für die Spieße:
400 g Hähnchenbrustfilet
2 Äpfel
1–2 EL Honig
frischer Schnittlauch, gehackt
frische Petersilie, gehackt

Außerdem:
Holzspieße

1. Für die Marinade die Gewürze miteinander vermischen und mit dem Öl verrühren. Die Chili waschen, klein schneiden und zu der Öl-Gewürz-Mischung geben.

2. Das Hähnchen in ca. 2,5 x 2,5 cm große Würfel schneiden. Mit der eben hergestellten Marinade in einen Gefrierbeutel geben und diesen schütteln, sodass das Fleisch komplett mit Marinade bedeckt ist. Das Fleisch darin 30–60 Minuten durchziehen lassen.

3. Die Äpfel schälen, entkernen und ebenfalls in ca. 2,5 x 2,5 cm große Würfel schneiden. Die Hähnchen- und Apfelwürfel abwechselnd auf Holzspieße stecken.

4. Die Spieße auf dem Grill zunächst heiß angrillen und danach etwas an den Rand legen. Mit etwas Honig bestreichen und nach Belieben Schnittlauch und Petersilie darüberstreuen. Weitere 8–10 Minuten gar grillen.

5. Nach Belieben einen der Dips zubereiten, indem man alle Zutaten miteinander verrührt, und zu den fertigen Grillspießen servieren. Dazu passt grüner Salat.

HONIG-SENF-DIP
200 g Crème fraîche
2 TL Senf
3 TL Honig
½ TL Cayenne Pfeffer
½ TL Salz

KRÄUTER-DIP
300 g Joghurt
150 g Schmand
1 Bund frischer Schnittlauch, gehackt
1 EL Zitronensaft
1 TL Paprikapulver
¼ Zwiebel, gehackt
Salz, Pfeffer

TSATSIKI
500 g griechischer Sahnejoghurt
1 Salatgurke, gehobelt
2–3 Knoblauchzehen, gepresst
1 Handvoll Dill, gehackt
1 Spritzer Zitronensaft
1 EL Olivenöl
1 EL Weißweinessig
Salz, Pfeffer

Putenrollbraten mit Apfelsoße

» Putenfleisch ist fettarm, proteinreich und enthält wichtige Nährstoffe wie Magnesium und Vitamin B. Allerdings neigt es dazu, schnell trocken zu werden. Mit etwas Speck, Crème fraîche und Äpfeln gefüllt, bleibt dieser Rollbraten wunderbar saftig.

FÜR 6 PERSONEN

30 g getrocknete Apfelringe
350 ml heiße Geflügelbrühe
2 Schalotten
100 g Crème fraîche
½ TL Koriander
½ TL Majoran
900 g Putenbrust, im Stück, vom Fleischer als Rollbraten schneiden lassen
75 g Frühstücksspeck-Scheiben
2 EL Pflanzenöl
100 ml Calvados
200 ml Apfelsaft
6–8 EL dunkler Soßenbinder, z. B. von Mondamin
Salz, Pfeffer

Außerdem:
Frischhaltefolie
Küchengarn

1. Die Apfelringe klein schneiden, mit 200 ml von der heißen Brühe übergießen und ca. 15 Minuten einweichen lassen. Die Brühe abgießen, auffangen und beiseitestellen. Die Schalotten abziehen, hacken und mit den Apfelstücken und der Crème fraîche verrühren. Mit Salz, Pfeffer, dem Koriander und dem Majoran würzen.

2. Den Backofen auf 200 °C vorheizen.

3. Die Putenbrust mit Frischhaltefolie abdecken und flacher klopfen. Mit Salz und Pfeffer würzen und mit den Speckscheiben belegen. Mit der Apfelmasse bestreichen, die Putenbrust dann aufrollen und mit Küchengarn gut zubinden.

4. Das Öl in einem Bräter erhitzen und den Braten von allen Seiten scharf anbraten. 50 ml von dem Calvados sowie die aufgefangene Brühe angießen und den Braten im vorgeheizten Backofen ca. 15 Minuten garen.

5. Danach die Temperatur auf 180 °C reduzieren und den Braten weitere 50–60 Minuten garen. Dabei mehrmals wenden und mit Fond begießen.

6. Den Braten aus dem Fond nehmen und auf einer feuerfesten Platte im noch warmen Backofen warm stellen. Den Fond mit dem restlichem Calvados, der übrigen Brühe und dem Apfelsaft auffüllen und aufkochen. Den Soßenbinder einrühren und die Soße 1 Minute aufkochen lassen. Zum Schluss mit Salz und Pfeffer abschmecken.

7. Den Braten aufschneiden und zusammen mit der Soße servieren. Dazu schmecken frische Kartoffelklöße und grüner Salat.

Brathähnchen mit Äpfeln

» Dieses knusprige Brathähnchen, das mit Kräutern, Äpfeln und Cidre verfeinert wird, ist nicht nur zu Weihnachten ein echtes Festessen. Da es zwar einige Zeit im Ofen braucht, aber schnell und einfach zuzubereiten ist, eignet es sich auch ideal als schmackhaftes Sonntagsessen in den Herbst- und Wintermonaten.

FÜR 4 PERSONEN

1 küchenfertiges Brathähnchen (ca. 1,4 kg)
je 3 Zweige Thymian und Rosmarin
2 Knoblauchzehen
6 EL Olivenöl
2 TL Honig
2 Äpfel, z. B. Boskop
2 Zwiebeln
2 Karotten
300 ml Cidre
Paprikapulver edelsüß
Salz, Pfeffer

Außerdem:
Küchengarn

1. Den Backofen auf 180 °C vorheizen.
2. Das Hähnchen innen und außen unter fließend kaltem Wasser waschen und mit Küchenkrepp trocken tupfen. Von innen und außen salzen und pfeffern. Die Beine des Hähnchens mit Küchengarn zusammenbinden.
3. Die Kräuter waschen, trocken schütteln, die Blätter abzupfen und fein hacken. Den Knoblauch abziehen und fein hacken. Mit den Kräutern, dem Olivenöl und dem Honig zu einer Marinade vermischen. Mit Paprikapulver, Salz und Pfeffer abschmecken und das Hähnchen damit bestreichen.
4. Das Hähnchen mit der Brustseite nach unten auf eine Fettpfanne oder in einen Bräter legen und im vorgeheizten Backofen insgesamt 1–1 ½ Stunden braten.
5. In der Zwischenzeit die Äpfel waschen, vierteln, entkernen und in Spalten schneiden. Die Zwiebeln abziehen und ebenfalls in Spalten schneiden. Die Karotten schälen und würfeln.
6. Nach der Hälfte der Garzeit das Hähnchen wenden. Die Apfel- und Gemüsestücke hinzufügen, den Cidre angießen und das Hähnchen weitere 30 Minuten im Ofen garen, bis es goldbraun ist. Dabei immer wieder Bratensaft über das Hähnchen träufeln.
7. Wenn das Brathähnchen gar ist, aus dem Backofen nehmen, mit dem Obst und Gemüse auf Tellern anrichten und servieren.

TIPP

Prüfen Sie mit einem Fleischthermometer, ob das Brathähnchen gar ist: Die optimale Kerntemperatur für ein ganzes Hähnchen liegt bei 80–85 °C.

Gebratene Gans mit Äpfeln

» Gut gewürzt, köstlich gefüllt und knusprig gebraten: Gänsebraten ist der Klassiker für die Zeit vom Martinstag am 11. November bis zu den Weihnachtsfeiertagen. Mit einer Füllung aus Zwiebeln, Äpfeln und Kräutern sowie einer raffinierten Quittensoße kann diesem schmackhaften Braten sicherlich niemand widerstehen.

FÜR 4 PERSONEN

1 küchenfertige Gans (ca. 3 kg)
3 Zwiebeln
3 Äpfel
je 2 Zweige Thymian, Rosmarin und Beifuß
2 Zimtstangen
1 EL Honig
100 ml Orangensaft
Salz, Pfeffer

Für die Soße:
200 ml Quittensaft
1–2 EL Quittengelee
Soßenbinder, nach Belieben

Außerdem:
Küchengarn

1. Den Backofen auf 200 °C vorheizen.

2. Die Gans sorgfältig innen und außen unter fließend kaltem Wasser abwaschen und mit Küchenkrepp trocken tupfen. Innen und außen mit Salz und Pfeffer einreiben.

3. Die Zwiebeln abziehen und grob würfeln. Die Äpfel waschen, halbieren und das Kerngehäuse entfernen. Die Kräuter waschen und trocken schütteln. Die Gans mit den Zwiebeln, den Äpfeln, den Kräutern und den Zimtstangen füllen. Die Bauchöffnung der Gans verschließen und die Beine mit Küchengarn zusammenbinden.

4. Mit einem scharfen Messer alle paar Zentimeter kleine Schnitte auf der Haut der Gans machen. Dann die Gans mit der Brustseite nach unten in einen großen Bräter legen und insgesamt ca. 3 ½ Stunden im vorgeheizten Backofen braten.

5. In der Zwischenzeit den Honig mit dem Orangensaft sowie mit etwas Salz und Pfeffer verrühren.

6. Die Gans nach 1 Stunde wenden, mit der Hälfte der Honigglasur bestreichen und 500 ml Wasser angießen. Die Backofentemperatur auf 180 °C reduzieren und die Gans ca. 2 Stunden weiter garen. Währenddessen immer wieder mit dem Bratenfond übergießen.

7. In den letzten 15 Minuten die Gans mit dem Rest der Honigglasur bestreichen und die Temperatur auf 230 °C erhöhen. Ist die Gans gar, aus dem Ofen nehmen, mit Folie abdecken und ca. 15 Minuten ruhen lassen.

8. Den Bratensatz durch ein Sieb in einen Topf gießen und entfetten. Mit dem Quittensaft und dem Quittengelee aufkochen. Nach Belieben etwas Soßenbinder einrühren und die Soße damit binden. Mit Salz und Pfeffer abschmecken und zur Gans servieren.

Rinderrouladen in Cidre-Soße

» Rinderrouladen haben eine lange Tradition in der deutschen Küche. Modern und gleichzeitig unglaublich schmackhaft ist diese Interpretation mit fruchtiger Cidre-Soße.

FÜR 4 PERSONEN
4 Rinderrouladen (à 200 g)
4 TL Dijon-Senf
4 Zwiebeln
3 Gewürzgurken
8 Scheiben durchwachsener Räucherspeck
1 Karotte
80 g Petersilienwurzel
80 g Lauch
1 kleiner Apfel
3 EL Pflanzenöl
2 EL Tomatenmark
400 ml Cidre brut oder Apfelwein
900 ml Rinderfond
2 Wacholderbeeren
2 Pimentkörner
2 Lorbeerblätter
40 g kalte Butter
Salz, Pfeffer

Außerdem:
Rouladennadeln

1. Die Rouladenscheiben ausbreiten und etwas flacher klopfen. Mit Salz und Pfeffer würzen und auf einer Seite dünn mit dem Senf bestreichen. Die Zwiebeln abziehen und 2 davon in dünne Streifen schneiden. Die Gewürzgurken vierteln.

2. Auf die Senfschicht jeder Roulade jeweils 2 Scheiben Speck legen und die Zwiebelstreifen sowie die Gurkenstreifen darauf verteilen. Die Rouladen auf den Längsseiten etwas einklappen, von den schmalen Seiten her aufrollen und mit Rouladennadeln feststecken.

3. Die übrigen 2 Zwiebeln würfeln. Die Karotte und die Petersilienwurzel putzen, schälen und würfeln. Den Lauch putzen, waschen und in Ringe schneiden. Den Apfel schälen, entkernen und in Würfel schneiden.

4. Das Öl in einem großen Bräter erhitzen. Die Rouladen darin rundherum kräftig anbraten und wieder herausnehmen. Im noch heißen Fett die Zwiebel glasig dünsten. Dann die Gemüse- und Apfelstücke dazugeben und anschwitzen. Das Tomatenmark hinzufügen und kurz mitrösten.

5. Mit dem Cidre ablöschen, mit dem Rinderfond auffüllen und alles kurz aufkochen lassen. Die Wacholderbeeren, die Pimentkörner und die Lorbeerblätter dazugeben. Die Rouladen wieder in den Bräter geben und zugedeckt ca. 90 Minuten bei mittlerer Hitze schmoren. Dabei öfter wenden.

6. Die Rouladen nach Ende der Garzeit aus dem Bräter nehmen und warm halten. Die Bratensoße durch ein feines Sieb in einen anderen Topf passieren und bei mittlerer Hitze 5 Minuten einkochen lassen. Die kalte Butter einrühren und die Soße mit Salz und Pfeffer abschmecken.

7. Die Rouladen auf Tellern anrichten, die Soße darübergeben und servieren. Dazu passen Salzkartoffeln und Rotkraut.

TIPP
Stechen Sie gegen Ende der angegebenen Garzeit vorsichtig mit einem Holzstäbchen in die Rouladen: Wenn sie fast zerfallen, sind sie genau richtig.

Apfel-Sauerkraut-Pfanne

» Pikante Kabanossi treffen auf mild-würziges Sauerkraut: In diesem deftigen Gericht garen die Würste ganz einfach im Kraut mit und verleihen ihm so ein einzigartiges Aroma.

FÜR 3 PERSONEN
1 Zwiebel
1 Apfel
2 EL Butterschmalz
520 g Sauerkraut, aus der Dose
1–2 TL Zucker
150 ml Fleischbrühe
400 g Kabanossi
Paprikapulver edelsüß
Salz, Pfeffer

1. Die Zwiebel abziehen und würfeln. Den Apfel waschen, vierteln, entkernen und grob raspeln.
2. Das Butterschmalz in einer Pfanne erhitzen und die Zwiebelwürfel darin glasig dünsten. Das Sauerkraut und die Apfelraspel dazugeben und mit dem Zucker, Paprikapulver sowie Salz und Pfeffer würzen.
3. Die Fleischbrühe angießen und die Kabanossi hinzufügen. Alles einmal kurz aufkochen lassen und anschließend zugedeckt bei mittlerer Hitze 30–40 Minuten garen. Noch einmal mit Salz, Pfeffer und Zucker abschmecken. Dazu passt frisches Brot oder Kartoffelstampf.

TIPP
Anstatt der Kabanossi können Sie auch eine andere pikante Wurst, wie beispielsweise luftgetrocknete Mettwurst verwenden.

Schnelle Kasselerpfanne

>> Kasseler mit Sauerkraut ist ein Klassiker der deutschen Küche. Diese Variation ist nicht nur schnell und unkompliziert zubereitet, sondern schmeckt auch einfach lecker.

FÜR 3 PERSONEN
300 g Kasselerfleisch
1 kleiner roter Apfel
1 rote Zwiebel
1–2 EL Pflanzenöl
520 g mildes Sauerkraut
100 ml süße Sahne
50 ml Apfelsaft
½ TL getrockneter Thymian
1 Packung Mini-Semmelknödel, z. B. von Pfanni
Zucker
Salz

1. Das Kasseler in Würfel schneiden. Den Apfel waschen, vierteln, entkernen und in Spalten schneiden. Die Zwiebel abziehen und ebenfalls in Spalten schneiden.

2. Den Apfel und die Zwiebel in einer Pfanne in dem heißen Pflanzenöl rundherum anbraten. Das Sauerkraut in die Pfanne geben, die Sahne und den Apfelsaft hinzufügen und bei schwacher Hitze ca. 15 Minuten garen. Mit dem Thymian, Zucker und Salz abschmecken. Die Kasselerwürfel hinzufügen und heiß werden lassen.

3. Inzwischen die Mini-Knödel nach Packungsanweisung zubereiten und anschließend zur fertigen Kasselerpfanne servieren.

Kalbssteaks auf Apfel-Spinat

» Butterzartes Kalbfleisch, geröstete Kartoffeln und dazu würziges Spinatgemüse – allein beim Anblick dieses köstlichen Gerichts wird Ihren Gästen sicherlich das Wasser im Munde zusammenlaufen. Den besonderen Clou liefert vor allem die Kombination aus süßen Äpfeln und leicht bitterem Spinat, die das Fleisch hervorragend ergänzt.

1. Den Backofen auf 100 °C vorheizen.

2. 2 Esslöffel von dem Öl in einer Pfanne erhitzen und die Kalbssteaks darin beidseitig scharf anbraten. Mit Salz und Pfeffer würzen und auf einem Backblech 40 Minuten im vorgeheizten Backofen fertig garen.

3. Für das Spinatgemüse die Zwiebeln und den Knoblauch abziehen und fein hacken. In einer Pfanne in der erhitzten Margarine dünsten. Das Currypulver hinzufügen und kurz anschwitzen. Die Kokosmilch und die Sahne hinzufügen. Die Instant-Gemüsebrühe unterrühren und alles sämig einkochen.

4. Den Spinat putzen, waschen und trocken schütteln. In kochendem Salzwasser kurz überbrühen und dann in Eiswasser abschrecken. Auf einem Sieb abtropfen lassen und später sehr sorgfältig ausdrücken.

5. Den Apfel waschen, entkernen und fein würfeln. Den Spinat mit dem Apfel in die Currysoße geben und nochmals mit Limettensaft, Zucker und Salz abschmecken.

6. Die Kartoffeln schälen und in 2 cm große Würfel schneiden. In kochendem Salzwasser knapp gar kochen und abtropfen lassen. In einer Pfanne im dem restlichen Öl anbraten und mit dem Honig karamellisieren. Mit Salz und Pfeffer abschmecken.

7. Den Apfel-Spinat auf Tellern anrichten. Darauf die Kartoffel-Würfel geben und das in Scheiben geschnittene Kalbssteak darauflegen.

TIPP

Sie können den Spinat auch direkt in die Soße geben, ohne ihn vorher zu blanchieren. Allerdings verliert er dann schneller seine Farbe.

FÜR 4 PERSONEN

4 EL Pflanzenöl
600 g Kalbssteaks (4 Stück)
100 g Zwiebeln
1 Knoblauchzehe
2 EL Margarine
2–3 TL Currypulver
400 ml Kokosmilch
125 ml süße Sahne
2 ½ TL Instant-Gemüsebrühe, z. B. von Knorr
600 g feiner Blattspinat
150 g roter Apfel
etwas Limettensaft
800 g festkochende Kartoffeln
1 EL Honig
Zucker
Salz, Pfeffer

FÜR 3 PERSONEN

350 g grüne Bohnen
1 Zwiebel
2 Scheiben Toastbrot
1 EL Pflanzenöl
350 g Rinderhackfleisch
2 TL Currypulver
2 TL Kurkuma
300 ml kräftige Rinderbrühe
125 g Crème fraîche
1 grüner Apfel
180 g Reis
Salz, Pfeffer

Bobotie – Afrikanischer Hackauflauf

» Der traditionelle südafrikanische Hackfleischauflauf hat eine deftige Würze und eine feine Fruchtnote. Bobotie entstand etwa im 17. Jahrhundert in Indonesien und wird bis heute gerne zu besonderen Anlässen oder Festen serviert. Als Beilage wird zu dem Auflauf meist Reis gereicht, der mit Safran, Rosinen oder Mandeln verfeinert wurde.

1. Den Backofen auf 210 °C vorheizen.

2. Die Bohnen putzen, halbieren und in kochendem, leicht gesalzenem Wasser ca. 5 Minuten blanchieren. In ein Sieb abgießen.

3. Die Zwiebel abziehen und fein hacken. Das Toastbrot fein würfeln. Das Öl in einer Pfanne erhitzen und das Hackfleisch darin krümelig anbraten. Das Toastbrot und die Zwiebeln hinzufügen und mitbraten. Das Currypulver und das Kurkuma darüberstreuen und anschwitzen lassen.

4. Die Rinderbrühe (z. B. 1 Würfel Knorr Klare Suppe mit Rind auf 300 ml Wasser) dazugießen. Die Crème fraîche unterrühren und mit Pfeffer abschmecken.

5. Den Apfel waschen, entkernen und in Stücke schneiden. Mit den abgetropften Bohnen unter die Hackfleischsoße mischen. In eine Auflaufform geben und ca. 15 Minuten im vorgeheizten Backofen backen.

6. Inzwischen den Reis nach Packungsangabe kochen, abgießen und anbraten. Zusammen mit dem fertigen Auflauf servieren.

TIPP

Probieren Sie doch auch einmal die vegetarische Variante: Ersetzen Sie das Hackfleisch einfach durch Linsen oder Sojahack.

Apfel-Camembert-Gratin

>> Dieses Gratin eignet sich sowohl als vegetarische Hauptspeise für zwei Personen als auch als Beilage für vier Personen. Die schmackhafte Kombination aus Äpfeln, Kartoffeln und Camembert passt hervorragend zu Rinderbraten oder Geflügel.

FÜR 2 KLEINE GRATINFORMEN

600 g festkochende Kartoffeln
2 Äpfel
250 g Camembert
200 ml süße Sahne
100 g Crème fraîche
1 Ei
Muskat
Paprikapulver edelsüß
Salz, Pfeffer

Außerdem:
Fett für die Form

1. Den Backofen auf 200 °C vorheizen. Die Gratinformen einfetten.
2. Die Kartoffeln ca. 25 Minuten in reichlich Salzwasser kochen. Dann abgießen, kalt abschrecken und abtropfen lassen.
3. Die Äpfel waschen, vierteln, entkernen und in Spalten schneiden. Den Camembert in Scheiben schneiden.
4. Die abgekühlten Kartoffeln pellen, in Scheiben schneiden und leicht mit Salz und Pfeffer würzen.
5. In den Gratinformen jeweils die Kartoffelscheiben, die Apfelspalten und den Camembert abwechselnd schichten, sodass die letzte Schicht aus Camembert besteht.
6. In einer Schüssel die Sahne mit der Crème fraîche und dem Ei verquirlen und mit Muskat, Paprikapulver, Salz und Pfeffer abschmecken. Anschließend über das Gratin gießen.
7. Die beiden Auflaufformen auf die mittlere Schiebeleiste stellen und das Gratin im vorgeheizten Backofen ca. 20 Minuten goldbraun backen. Dazu passt grüner Salat.

TIPP

Sie können das Gratin beliebig nach Ihrem Geschmack variieren. Verfeinern Sie es beispielsweise mit frisch gehackten Kräutern wie Thymian oder Rosmarin oder verwenden Sie Ziegenweichkäse anstatt Camembert.

Flammkuchen mit Äpfeln, Speck und roten Zwiebeln

» *Dünner, knuspriger Teig, bestrichen mit Crème fraîche und herzhaft belegt mit Speck, Zwiebeln und Äpfeln – da läuft wohl jedem das Wasser im Mund zusammen. Die aus dem Elsass stammende Spezialität wird traditionell im Holzofen zubereitet, doch auch aus dem heimischen Backofen schmeckt der Leckerbissen hervorragend.*

FÜR 1 BLECH ODER 2 RUNDE FLAMMKUCHEN

Für den Teig:

200 g Mehl (Type 405 oder 550)
1 gestrichener TL Salz
1 EL Pflanzenöl
120 ml Wasser

Für den Belag:

2 rote Zwiebeln
2 Äpfel
100 g Bacon
200 g Crème fraîche
2–3 EL Milch
Muskat
Salz, Pfeffer

1. Für den Teig alle Zutaten miteinander verkneten und ca. ½ Stunde ruhen lassen. Den Backofen auf 250 °C vorheizen.

2. Die Zwiebeln abziehen, halbieren und in dünne Ringe schneiden. Die Äpfel waschen, das Kerngehäuse ausstechen und die Äpfel in dünne Scheiben schneiden. Den Bacon in Stücke schneiden.

3. Die Crème fraîche mit der Milch verrühren und mit etwas Muskat, Salz und Pfeffer würzen.

4. Auf einem bemehlten oder mit Backpapier ausgelegten Backblech nacheinander dünne Fladen ausrollen. Mit der Crème fraîche bestreichen und mit den Zwiebelringen, Apfelscheiben und Baconstücken belegen.

5. Im vorgeheizten Backofen ca. 10 Minuten knusprig backen.

TIPP

Greifen Sie am besten auf eine säuerliche Sorte wie Braeburn, Cox-Orange oder Fuji zurück. So kommt der herzhaftsüße Geschmack richtig gut zur Geltung.

Süßspeisen & Desserts

Der Apfel gilt als Symbol der Verführung. Kein Wunder, kann man aus den knackigen Früchten doch allerlei Leckereien wie saftige Kuchen oder cremiges Tiramisu zaubern. Wer kann da widerstehen?

Apfel-Walnuss-Gugelhupf

» Rezepte für Gugelhupf existieren bereits seit dem 17. Jahrhundert, der Name „Gugelhupf" fand allerdings erst ein Jahrhundert später das erste Mal Verwendung. Heute ist das traditionell österreichische Gebäck auf der ganzen Welt beliebt.

FÜR 1 GUGELHUPFFORM (ø 22 cm)

2 Äpfel, z. B. Boskop
1 EL Zitronensaft
200 g weiche Butter
180 g Zucker
1 Päckchen Vanillezucker
1 Prise Salz
3 Eier
1 TL Zimt
1 TL abgeriebene Schale von 1 unbehandelten Zitrone
250 g Mehl
1 TL Backpulver
100 g gemahlene Walnüsse

Außerdem:
Fett und Mehl für die Form
Puderzucker zum Bestäuben

1. Den Backofen auf 180 °C vorheizen. Die Äpfel schälen, halbieren, vom Kerngehäuse befreien und grob raspeln. Mit dem Zitronensaft beträufeln, damit sie nicht braun werden.

2. Die Butter mit dem Zucker, dem Vanillezucker und dem Salz cremig rühren. Die Eier nach und nach dazugeben und einige Minuten schaumig schlagen. Den Zimt und die Zitronenschale unterrühren. Das Mehl mit dem Backpulver und den gemahlenen Walnüssen vermischen und ebenfalls unterrühren. Die geraspelten Äpfel unter den Teig heben.

3. Eine Gugelhupfform fetten und mit Mehl ausstäuben. Den Teig in die Form füllen und glatt streichen. Im vorgeheizten Backofen 50–60 Minuten backen. Der Kuchen ist fertig, wenn die Stäbchenprobe gelingt: An einem in den Teig gesteckten Holzstäbchen darf nach dem Herausziehen kein Teig mehr kleben bleiben.

4. Den Kuchen in der Form auskühlen lassen, auf ein Kuchengitter stürzen und mit Puderzucker bestäuben.

TIPP
Nehmen Sie für diesen Kuchen säuerliche Äpfel. Am besten geeignet sind Boskop und Gravensteiner. Wenn Sie mehr Biss möchten, können Sie statt gemahlener Walnüsse auch gehackte Nüsse untermischen.

FÜR 1 RUNDE SPRINGFORM (ø 28 cm)

Für den Teig:
125 g weiche Butter
125 g Zucker
1 Päckchen Vanillezucker
1 Ei
250 g Mehl
½ Päckchen Backpulver

Für den Belag:
1,5 kg Äpfel
2 Päckchen Puddingpulver Vanille
¾ l Apfelwein
220 g Zucker
1 Päckchen Vanillezucker
400 ml süße Sahne
1 Päckchen Sahnesteif

Außerdem:
Zimt und Zucker zum Bestreuen
Fett für die Form

Apfelweintorte

>> Knuspriger Teig, saftige Füllung und cremige Sahnehaube – diese Torte ist unschlagbar lecker! Das gewisse Etwas verleiht ihr der enthaltene Apfelwein, ein aus Äpfeln gekelterter Fruchtwein. Die Torte lässt sich prima vorbereiten und kann schon am Vortag gebacken werden. Am nächsten Tag muss man dann nur noch die Sahne daraufgeben und Zimt und Zucker darüberstreuen.

1. Die Butter mit dem Zucker und dem Vanillezucker schaumig rühren und das Ei dazugeben. Das Mehl mit dem Backpulver vermischen und nach und nach unter die Masse rühren. Den Teig ca. 1 Stunde im Kühlschrank ruhen lassen.

2. Die Äpfel schälen und das Kerngehäuse entfernen, dann das Fruchtfleisch in kleine Stücke schneiden.

3. Den Backofen auf 180 °C vorheizen. Den Teig in eine ausgefettete Springform füllen und einen kleinen Rand formen.

4. Das Puddingpulver mit einigen Löffeln Apfelwein anrühren. Den restlichen Apfelwein mit dem Zucker und dem Vanillezucker zum Kochen bringen. Das angerührte Puddingpulver unterrühren und die Apfelstücke dazugeben.

5. Die Masse in die Springform füllen und im vorgeheizten Backofen ca. 1 Stunde backen, dann im ausgeschalteten Backofen noch etwas ruhen lassen.

6. Die Sahne mit dem Sahnesteif steif schlagen, auf dem abgekühlten Kuchen gleichmäßig verteilen und mit Zucker und Zimt bestreuen.

TIPP
Sie können den Apfelwein auch durch Apfelsaft oder eine Apfelsaft-Weißwein-Mischung ersetzen.

Apfelkompottkuchen mit Sahne

>> Dieser saftige Blechkuchen mit lockerem Rührteig, fruchtigem Apfelkompott und einer sahnigen Schmandcreme ist nicht umsonst ein beliebter Klassiker und die perfekte Wahl, wenn Sie viele Gäste erwarten.

1. Den Backofen auf 180 °C vorheizen und ein Backblech gut einfetten.

2. In einer großen Schüssel die Eier aufschlagen, kurz verrühren und mit dem Zucker und dem Vanillezucker schaumig rühren. Das Mehl mit dem Backpulver vermischen und zusammen mit dem Mineralwasser und dem Öl zu der Zucker-Ei-Masse geben. Alles zu einem glatten Teig verarbeiten.

3. Den Teig gleichmäßig auf dem Backblech verteilen und ca. 20 Minuten auf der mittleren Schiebeleiste backen. Aus dem Ofen nehmen und abkühlen lassen.

4. Die Äpfel schälen, entkernen und vierteln. In einen Topf geben, 150 ml Wasser hinzufügen und das Ganze 15 Minuten kochen lassen. Ca. 100 g von dem Zucker dazugeben (je nach Geschmack und Apfelsorte auch etwas mehr) und mit einem Pürierstab zu grobem Kompott verarbeiten.

5. Die Sahne mit dem Sahnesteif steif schlagen und dann den Schmand unterheben.

6. Das abgekühlte Apfelkompott auf den erkalteten Kuchen streichen und die Sahnemischung darauf verteilen. Ca. 100 g Zucker mit dem Zimt vermischen und gleichmäßig auf den Kuchen sieben.

TIPP

Anstelle von selbst gekochtem Apfelkompott können Sie auch Apfelmus aus dem Glas verwenden. Für einen Kuchen benötigen Sie ein großes Glas.

FÜR 1 BACKBLECH

Für den Teig:
3 Eier
300 g Zucker
1 Päckchen Vanillezucker
450 g Mehl
1 Päckchen Backpulver
200 ml Mineralwasser
175 ml Pflanzenöl

Für den Belag:
3 kg Äpfel
200 g Zucker
600 ml süße Sahne
2 Päckchen Sahnesteif
400 ml Schmand
1 TL Zimt

Außerdem:
Fett für die Form

Gebackene Apfelringe

» Fluffig leicht und natürlich süß ist dieser Klassiker, den es schon bei Oma gab. Besonders lecker schmecken die Apfelringe mit selbst gemachter Vanillesoße.

FÜR 4 PERSONEN
200 g Weizenmehl
3 Eier
200 ml Milch
6 große Äpfel
Zucker
Rum
Salz

Außerdem:
Pflanzenfett zum Ausbacken
Puderzucker zum Bestäuben

1. Das Mehl in eine Schüssel sieben. Die Eier nach und nach mit der Milch in das Mehl einrühren, bis ein dickflüssiger Teig entstanden ist. Eine Prise Salz dazugeben.
2. Die Äpfel waschen und schälen. Mit einem Apfelausstecher das Kerngehäuse ausstechen und die Äpfel in ca. 1 cm dicke Ringe schneiden.
3. Mit etwas Zucker bestreuen, mit etwas Rum beträufeln und ca. 10 Minuten ziehen lassen.
4. In einer hohen Pfanne so viel Pflanzenfett erhitzen, dass die Apfelpfannkuchen schwimmend ausgebacken werden können.
5. Die Apfelringe in den Teig tauchen und nach und nach in dem heißen Fett goldbraun ausbacken. Die fertigen Pfannkuchen kurz auf Küchenkrepp und dann auf einen vorgewärmten Teller legen. Mit Puderzucker bestäuben und servieren.

TIPP

Wenn Sie keinen Apfelausstecher besitzen, können Sie auch die geschälten Äpfel in Scheiben schneiden, diese auf ein Brett legen und das Kerngehäuse mit einem spitzen Messer herausschneiden.

Kleine Apfelstrudel

» Diese kleinen Apfelstrudel mit knusprigem Blätterteig sind im Handumdrehen selbst gemacht und können mit Rosinen oder Vanillesoße beliebig verfeinert werden.

FÜR 4 APFELSTRUDEL
4 Äpfel
30 g Zucker
1 TL Zimt
25 g gehackte Mandeln
30 g Butter
4 Blatt Strudel- oder Blätterteig

Außerdem:
Puderzucker zum Bestäuben

1. Den Backofen auf 200 °C vorheizen.

2. Die Äpfel schälen, das Kerngehäuse entfernen und das Fruchtfleisch in Stücke schneiden. Zusammen mit dem Zucker, dem Zimt und 1 Esslöffel Wasser in einem Topf ca. 6 Minuten köcheln lassen. Abkühlen lassen und die gehackten Mandeln dazugeben. Die Butter schmelzen.

3. Die Teigblätter auf ein mit Backpapier ausgelegtes Backblech legen und die Apfelmischung darauf verteilen. Zu einer flachen Rolle zusammenrollen und die Ränder festdrücken. Mit der geschmolzenen Butter bestreichen.

4. Die Apfelstrudel ca. 20 Minuten im vorgeheizten Ofen backen. Abkühlen lassen und mit Puderzucker bestäuben.

Flammkuchen mit Äpfeln, Marzipan und Zimt

» Dieser knusprige Flammkuchen mit Äpfeln, Marzipan und Zimt ist schnell zubereitet und lässt das Herz aller Naschkatzen garantiert höher schlagen.

1. Das Mehl, das Salz, das Öl und das Wasser mit den Händen zu einem glatten Teig verkneten. Wenn der Teig zu flüssig ist, kann man noch etwas Mehl einarbeiten. Den Teig ca. 15 Minuten ruhen lassen.

2. Den Backofen auf 250 °C vorheizen.

3. In der Zwischenzeit die Äpfel waschen, entkernen und in sehr dünne Scheiben schneiden. Das Marzipan zerbröckeln.

4. Den Teig auf einer bemehlten Arbeitsfläche sehr dünn ausrollen und auf ein mit Backpapier belegtes oder mit Öl eingefettetes Backblech geben.

5. Den Schmand gleichmäßig auf dem Teig verteilen. Zuerst mit dem Marzipan, dann mit den Apfelscheiben belegen und mit den gehackten Mandeln bestreuen.

6. Anschließend den Flammkuchen im vorgeheizten Backofen 12–15 Minuten backen. Den Zimt und den Zucker vermischen und den Flammkuchen vor dem Servieren damit bestreuen.

FÜR 1 BLECH ODER 2 RUNDE FLAMMKUCHEN

Für den Teig:

200 g Mehl (Type 405 oder 550)
1 gestrichener TL Salz
1 EL Pflanzenöl
120 ml Wasser

Für den Belag:

2 große Äpfel
100 g Marzipan
5 EL Schmand
2 EL gehackte Mandeln
1 TL gemahlener Zimt
1 TL Zucker

Karamellisierte Apfelspalten

» Diese mit Honig karamellisierten Apfelspalten sind im Handumdrehen zubereitet, unglaublich lecker und vielseitig einsetzbar. Sie können pur genossen werden, eignen sich aber auch hervorragend als Beilage zu Vanilleeis, Milchreis oder auch zu herzhaften Speisen wie Gänsebraten oder Wildgerichten.

FÜR 4 PERSONEN
4 Äpfel
30 g Butter
3 EL Honig

Außerdem:
Zimt zum Bestreuen

1. Die Äpfel waschen, vierteln, entkernen und die Apfelviertel in Spalten schneiden.

2. Die Butter in einer Pfanne zerlassen. Den Honig hinzufügen und unter Rühren leicht karamellisieren lassen. Die Apfelspalten dazugeben und ca. 10 Minuten braten, bis sie weich sind. Dabei mehrmals wenden.

3. Die Apfelspalten mit etwas Zimt bestreuen und noch warm servieren.

Kandierte Äpfel

» Kandierte Äpfel dürfen auf keinem Volksfest fehlen und sind nicht nur für Naschkatzen eine süße Versuchung. Die Leckerei kann man auch zu Hause ganz einfach herstellen.

FÜR 4 PERSONEN

4 Äpfel, z. B. Granny Smith
5 EL Wasser
1 TL Zitronensaft
500 g Zucker
2–3 TL rote Lebensmittelfarbe

Außerdem:
Holzstäbchen

TIPP
Besonders hübsch werden die Äpfel, wenn Sie sie vor dem Trocknen mit Streuseln verzieren.

1. Die Äpfel waschen. Die Stiele herausdrehen und jeweils ein Holzstäbchen in das Loch stecken. Das Wasser mit dem Zitronensaft und dem Zucker in einen Topf geben und unter Rühren aufkochen.

2. Die Lebensmittelfarbe einrühren und die Zuckermasse unter ständigem Rühren köcheln lassen, bis ein dickflüssiger Sirup entsteht. Dann vom Herd nehmen.

3. Die Äpfel in die noch heiße Masse tauchen und drehen, bis sie von allen Seiten vollständig mit dem Sirup bedeckt sind. Dann zum Trocknen auf ein mit Backpapier belegtes Backblech stellen.

Apfelmus nach Omas Art

>> Apfelmus weckt wohl bei den meisten von uns süße Kindheitserinnerungen. Ob als Babybrei, zu Reibekuchen oder auf dem Milchreis – das süß-säuerliche Mus gehört zu den frühesten kulinarischen Erfahrungen. Besonders köstlich schmeckt natürlich selbst gemachtes Apfelmus – und mit diesem Rezept gelingt es im Handumdrehen. Für das Mus eignen sich eher weiche, mürbe Apfelsorten, wie z. B. Boskop oder Jonagold.

FÜR CA. 2 GLÄSER (à 500 ml)
1,2 kg Äpfel
125 ml Wasser
1 EL Zitronensaft
150 g Zucker

1. Die Äpfel waschen, abtrocknen und schälen.
2. Die geschälten Äpfel in Viertel schneiden und das Kerngehäuse entfernen.
3. Die Äpfel mit dem Wasser und dem Zitronensaft zum Kochen bringen und ca. 10 Minuten garen.
4. Die gekochten Äpfel mit dem Schneebesen zu Mus verrühren. Dabei den Zucker untermischen.
5. Das Apfelmus in die sterilisierten Gläser füllen, fest verschließen und im Einkochapparat 30 Minuten bei 90 °C einkochen.

DAS PASST DAZU

Apfelmus ist die perfekte Beilage zu Kartoffelpuffern. Für 2 Personen benötigen Sie für den Teig 500 g rohe, geriebene Kartoffeln, eine klein geschnittene Zwiebel, ein Ei, 2 Esslöffel Haferflocken, etwas Majoran, Muskat, Salz und Pfeffer. Alle Zutaten gut miteinander vermengen. Die Puffer anschließend in heißem Pflanzenöl nach und nach ausbraten.

TIPP

Das Apfelmus kann man vor dem Verzehr nach Belieben noch verfeinern, z.B. mit Zimt oder Rosinen.

Hefekuchenvariationen mit Apfel

» Ob mit Apfelmus und Sahne oder mit Apfelspalten und Streuseln – zu diesen leckeren Apfelkuchenvariationen mit fluffigem Hefeteig sagt so schnell keiner Nein.

FÜR 1 BACKBLECH

Für den Teig:
250 ml Milch
500 g Mehl
1 Würfel frische Hefe
80 g Zucker
80 g weiche Butter
1 Päckchen Vanillezucker
1 Prise Salz

Für den Apfelmuskuchen:
Apfelmus (siehe Seite 104)
100 g Rosinen, nach Belieben
400 ml süße Sahne

Für den Apfelkuchen:
2,5 kg Äpfel
etwas Zitronensaft

Für den Apfel-Streusel-Kuchen:
1 kg Äpfel
180 g Mehl
120 g Zucker
120 g Butter
1 TL Zimt
1 Päckchen Vanillezucker

1. Für den Teig die Milch leicht erwärmen. Das Mehl in eine Schüssel sieben und in die Mitte eine Mulde drücken. Die Hefe hineinbröckeln und mit 1 Teelöffel Zucker und der Hälfte der Milch zu einem Vorteig verrühren. Mit einem Tuch abgedeckt ca. 10 Minuten an einem warmen Ort gehen lassen.

2. Wenn der Vorteig Blasen wirft, die restlichen Zutaten hinzufügen und alles mit den Knethaken des Handrührgeräts zu einem Teig verkneten. Den Teig mit etwas Mehl bestreuen und in einer Schüssel abgedeckt ca. 30 Minuten gehen lassen.

3. Den Hefeteig auf einer bemehlten Arbeitsfläche mit einem Nudelholz etwa in der Größe des Backblechs ausrollen. Das Backblech mit Butter einfetten oder mit Backpapier auslegen und den Teig darauflegen. Den Teig mehrmals mit einer Gabel einstechen. Die Ränder leicht hochdrücken und den Teig abgedeckt nochmals 5 Minuten gehen lassen. Den Backofen auf 180 °C vorheizen.

Für den Apfelmuskuchen:

4. Den Hefeteigboden ca. 30 Minuten auf der mittleren Schiebeleiste backen, dann aus dem Ofen nehmen und abkühlen lassen.

5. Unter das Apfelmus nach Belieben die Rosinen unterrühren und auf dem gebackenen Hefeteigboden verteilen. Die Sahne steif schlagen und mithilfe einer Spritztülle in kleinen Tupfern auf dem Kuchen verteilen.

Für den Apfelkuchen:

4. Die Äpfel waschen, schälen, halbieren und das Kerngehäuse entfernen. Die Apfelhälften jeweils in 6–7 Spalten schneiden und mit etwas Zitronensaft beträufeln.

5. Die Apfelspalten dicht nebeneinander auf den Teig setzen, abdecken und weitere 10–15 Minuten gehen lassen. Im Backofen auf der mittleren Schiebeleiste ca. 50 Minuten backen.

Für den Apfel-Streusel-Kuchen:

4. Die Äpfel waschen, schälen, entkernen und in Spalten schneiden. Das Mehl, den Zucker, die Butter und den Zimt zu Streuseln verkneten.

5. Den Hefeteig mit den Apfelspalten belegen, mit dem Vanillezucker bestreuen und die Streusel daraufgeben. Für ca. 30 Minuten im vorgeheizten Backofen backen.

Apfel-Streusel-Kuchen

Apfelkuchen

Apfelmuskuchen

Apfel-Blätterteig-Rosen

» Ob als Dessert oder auf dem Kuchenbuffet – diese fruchtig-süßen Apfel-Blätterteig-Rosen sind nicht nur für den Gaumen, sondern auch fürs Auge ein wahrer Genuss.

FÜR 6 STÜCK
1 Apfel
1 EL Zitronensaft
1 Packung Blätterteig, aus dem Kühlregal
6 TL Quittengelee
Zimt

Außerdem:
Papierförmchen oder Fett für die Muffinform
Puderzucker zum Bestäuben

1. Den Backofen auf 200 °C vorheizen. 6 Papierförmchen auf ein Backblech setzen oder 6 Mulden einer Muffinform einfetten.

2. Den Apfel waschen, vierteln und das Kerngehäuse entfernen. Die Apfelviertel in dünne Scheiben hobeln und mit dem Zitronensaft beträufeln.

3. Den Teig in 6 gleich breite Streifen schneiden. Die obere Hälfte der Streifen jeweils mit je 1 Teelöffel Gelee bestreichen und mit etwas Zimt bestreuen. Die Apfelscheiben leicht überlappend nebeneinander darauflegen, sodass sie oben etwas überstehen.

4. Die untere Teighälfte auf die Apfelspalten klappen und die Streifen vorsichtig aufrollen. In die Förmchen oder das vorbereitete Muffinblech setzen und im vorgeheizten Backofen ca. 25 Minuten backen. Aus dem Backofen nehmen, abkühlen lassen und vor dem Servieren mit Puderzucker bestäuben.

Apfel-Säckchen

» Diese kleinen Säckchen machen sich wunderbar auf dem Kaffeetisch, sind aber auch als Dessert ein echter Hingucker und eine gelungene Überraschung für Ihre Gäste!

FÜR 2 PERSONEN
200 ml Weißwein
2 EL Zucker
1 Päckchen Vanillezucker
½ TL Zimt
2 Äpfel
2 EL Rosinen
40 g Butter
4 Blatt Strudelteig, aus dem Kühlregal

Außerdem:
Küchengarn
Puderzucker zum Bestäuben

1. Den Backofen auf 180 °C vorheizen.
2. Den Weißwein in einen Topf geben und mit dem Zucker, dem Vanillezucker und dem Zimt aufkochen.
3. Die Äpfel schälen, vierteln, entkernen und in grobe Stücke schneiden. Die Apfelstücke mit den Rosinen in den kochenden Sud geben und ca. 5 Minuten bei mittlerer Hitze pochieren. Dann in ein Sieb abgießen und abtropfen lassen.
4. Die Butter schmelzen. Jeweils ein Strudelteigblatt mit etwas Butter bepinseln und ein zweites Blatt darüberlegen. Jeweils die Hälfte der Apfel-Rosinen-Mischung in die Mitte geben. Den Strudelteig darüber zusammenraffen und mit dem Küchengarn verschnüren, sodass kleine Säckchen entstehen.
5. Die Säckchen auf ein mit Backpapier ausgelegtes Backblech setzen, mit Butter bepinseln und im vorgeheizten Backofen 15–20 Minuten goldgelb backen. Vor dem Servieren mit Puderzucker bestäuben.

Schnelle Spekulatius-Knödel mit Bratapfelsoße

» *Dieses schmackhafte Dessert besteht aus einfachen Zutaten und ist im Nu zubereitet – ideal, wenn sich unerwartet Besuch zum Abendessen angekündigt hat.*

FÜR 6 PERSONEN

Für die Bratapfelsoße:
500 g Äpfel
1 Zitrone
500 ml Apfelsaft
½ Päckchen Puddingpulver Vanille
1 EL Zucker
1 Päckchen Vanillezucker
¼–½ TL Zimt
60 g Marzipan-Rohmasse nach Belieben

Für die Spekulatiusknödel:
125 g Magerquark
300 ml Wasser
½ Packung Kloßteigpulver, z. B. von Pfanni
100 g Spekulatiuskekse

1. Die Äpfel schälen, entkernen und in Würfel schneiden. Die Zitrone auspressen. Die Apfelstücke mit dem Zitronensaft in einem Topf ca. 5 Minuten bissfest dünsten und herausnehmen.
2. Etwas von dem Apfelsaft in eine kleine Schüssel geben und das Puddingpulver mit einem Schneebesen unterrühren, sodass keine Klümpchen entstehen. Den restlichen Saft im Topf aufkochen lassen und das angerührte Puddingpulver unter Rühren zum kochenden Apfelsaft geben.
3. Den Zucker und den Vanillezucker unterrühren. Die Soße mit dem Zimt abschmecken und dann etwas abkühlen lassen.
4. Für die Knödel den Quark in eine Schüssel geben, das kalte Wasser dazugießen und alles mit einem Schneebesen verrühren. Die halbe Packung Kloßteig zügig hineinrühren. Den Teig 5 Minuten quellen lassen.
5. Aus dem Teig mit angefeuchteten Händen 12 kleine Knödel formen, in reichlich kochendes Wasser geben und bei schwacher Hitze ca. 15 Minuten ziehen lassen.
6. Die Spekulatiuskekse fein zerkrümeln. Die Knödel abtropfen lassen und in den Bröseln wälzen. Nach Belieben das Marzipan würfeln und mit den Äpfeln unter die Soße mischen.
7. Die Knödel mit der Bratapfelsoße auf Tellern anrichten und servieren.

TIPP
Statt in Spekulatiusbröseln können Sie die Knödel auch in Zimtzucker wälzen.

TIPP

Eischnee bekommt eine bessere Konsistenz, wenn vor dem Schlagen eine Prise Salz hinzugefügt wird.

Apfel-Kaiserschmarren

» Diese süße Mehlspeise stammt ursprünglich aus Österreich. Über die Entstehung des Namens gibt es viele verschiedene Legenden, doch immer spielt Kaiser Joseph I. von Österreich die entscheidende Rolle. Beliebt ist dieses Gericht nicht nur als Dessert, sondern auch als süße Hauptspeise – vor allem bei Kindern.

FÜR 4 PERSONEN

12 Eier
80 g Zucker
500 ml süße Sahne
280 g Mehl
3 Äpfel
3 EL Butter
Salz

Außerdem:
Puderzucker zum Bestäuben

1. Die Eier trennen und das Eigelb mit dem Zucker schaumig rühren. Dann eine Prise Salz und die Sahne hineinrühren. Das Eiweiß steif schlagen, zu der Eier-Masse hinzufügen und vorsichtig das Mehl unterheben.

2. Die Äpfel waschen, das Kerngehäuse entfernen und das Fruchtfleisch in Ringe schneiden.

3. In einer Pfanne 1 Esslöffel Butter erhitzen, die Hälfte des Teigs hineinfüllen und glatt streichen. Für etwa 4–5 Minuten bei geringer Temperatur backen, bis die Unterseite leicht gebräunt ist. Dann den Kaiserschmarrn wenden, von der anderen Seite goldgelb backen und in mundgerechte Stücke teilen.

4. Für die zweite Hälfte des Teigs erneut 1 Esslöffel Butter in der Pfanne erhitzen, den Teig hineingeben und wie in Schritt 3 zubereiten.

5. In einer zweiten Pfanne die Apfelringe mit der restlichen Butter kurz anbraten. Den Kaiserschmarren mit den Apfelringen auf Tellern anrichten und mit Puderzucker bestäubt servieren.

Apple Crumble

» *Dieses Dessert mit saftigen Äpfeln und knusprigen Streuseln ist genau das Richtige für einen gemütlichen Abend mit Familie und Freunden. Allein der Duft beim Backen ist unwiderstehlich! Ein Crumble eignet sich aber auch perfekt zur Resteverwertung. Äpfel, die als Rohkost nicht mehr knackig genug sind, kann man hier wunderbar verarbeiten.*

FÜR 2 KLEINE AUFLAUFFORMEN

Für die Füllung:
600 g Äpfel
3 EL Zitronensaft
2 EL brauner Zucker

Für die Streusel:
180 g Mehl
110 g Zucker
1 Msp. Zimt
1 Päckchen Vanillezucker
1 Prise Salz
120 g kalte Butter

Außerdem:
Butter für die Form

1. Den Backofen auf 200 °C vorheizen und zwei kleine Auflaufformen mit Butter einfetten.

2. Die Äpfel schälen, entkernen und in ca. 1 cm große Würfel schneiden. Die Apfelwürfel in die beiden vorbereiteten Auflaufformen geben, mit dem Zitronensaft beträufeln und mit dem braunen Zucker bestreuen.

3. Für die Streusel das Mehl mit dem Zucker, dem Zimt, dem Vanillezucker und dem Salz vermischen. Die Butter in kleine Stücke schneiden und zu der Mehl-Zucker-Mischung geben. Mit den Händen zu einer krümeligen Masse verkneten.

4. Die Streusel gleichmäßig über die Äpfel in den beiden Auflaufformen verteilen und für 20–25 Minuten auf der mittleren Schiene im vorgeheizten Backofen backen.

5. Nach Ende der Backzeit den Crumble kurz auf einem Kuchenrost abkühlen lassen, aber am besten noch warm mit einem großen Tupfer Sahne oder einer Kugel Vanilleeis servieren.

TIPP

Die Streusel lassen sich auch prima vorbereiten: In einer Frischhaltebox im Kühlschrank halten sie sich bis zu 24 Stunden. Wenn Sie keine kleinen Auflaufformen zur Hand haben, können Sie den Apple Crumble auch in Cappuccino-Tassen backen.

Apfel-Brot-Auflauf mit Mandeln und Marzipan

» Diese Süßspeise, auch Ofenschlupfer genannt, ist ein typisch schwäbisches Gericht und eine ideale Resteverwertung. Das klassische Rezept wurde hier mit Calvados und Marzipan verfeinert.

1. Den Backofen auf 180 °C vorheizen und eine Auflaufform mit Butter einfetten.

2. Die Brioche in Scheiben schneiden und diese mit dem Calvados beträufeln.

3. Die Äpfel schälen, vierteln, entkernen und in 1–2 cm breite Spalten schneiden. Das Marzipan in dünne Scheiben schneiden. Die Brioche-, Apfel- und Marzipanscheiben gleichmäßig in die Auflaufform schichten und die Rosinen darüber verteilen.

4. Die Milch, die Sahne, die Eier, den Vanillezucker, den Zimt sowie das Salz miteinander verrühren und über den Auflauf gießen. Die Butter in Stückchen schneiden und darauf verteilen.

5. Im vorgeheizten Backofen 35–40 Minuten goldbraun backen. Dazu passt Vanillesoße.

TIPP
Anstatt Brioche können Sie auch Brötchen oder Baguette vom Vortag verwenden.

FÜR 4 PERSONEN

300 g altbackene Brioche
5 EL Calvados
400 g Äpfel, z. B. Granny Smith
100 g Marzipan-Rohmasse
80 g Rosinen
300 ml Milch
200 ml süße Sahne
3 Eier
1 Päckchen Vanillezucker
½ TL Zimt
1 Prise Salz
30 g Butter

Außerdem:
Butter für die Form

Apfel-Tiramisu

» Tiramisu, die traditionell italienische Nachspeise, heißt wörtlich übersetzt „Zieh mich hoch". Den Namen verdankt der Dessertklassiker, bestehend aus Espresso, Amaretto und Löffelbiskuits, seiner stärkenden Wirkung. Abwechslung fürs Auge und den Gaumen verspricht diese im Glas angerichtete Variation mit Äpfeln und Vanillecreme.

FÜR 4 GLÄSER
2 Äpfel
4 EL Amaretto
3 EL Zucker
1 TL Zimt
1 Vanilleschote
250 g Mascarpone
250 g Magerquark
60 g Puderzucker
8 Löffelbiskuits

Außerdem:
Schokolade, geraspelt
frische Minzblättchen

1. Die Äpfel schälen, vierteln, entkernen und fein würfeln. Mit dem Amaretto, dem Zucker und dem Zimt in einem Topf erhitzen. Unter Rühren bei mittlerer Hitze 6–8 Minuten köcheln lassen, bis die Äpfel weich sind. Den Topf vom Herd nehmen und die Masse abkühlen lassen.
2. Die Vanilleschote der Länge nach aufschneiden, das Mark auskratzen und mit dem Mascarpone, dem Quark und dem Puderzucker in eine Rührschüssel geben. Mit dem Handrührgerät zu einer cremigen Masse verrühren.
3. Die Löffelbiskuits grob zerbröseln und gleichmäßig auf die Gläser verteilen.
4. In jedes Glas auf die Keksbrösel etwas Mascarponecreme füllen und darauf eine Schicht Apfel-Amaretto-Kompott geben. Mit einer weiteren Schicht Mascarponecreme abschließen.
5. Das Tiramisu für mindestens 2 Stunden im Kühlschrank kalt stellen. Die Desserts vor dem Servieren mit geraspelter Schokolade bestreuen und jeweils mit ein paar Minzblättchen garniert servieren.

TIPP
Möchten Sie ein winterliches Dessert reichen, können Sie die Löffelbiskuits auch durch 100 g Spekulatius ersetzen.

Klassische Apfelpfannkuchen

>> Ob zum Frühstück, als süßes Mittagessen oder als Dessert – Apfelpfannkuchen werden auf der ganzen Welt zubereitet sind beliebt bei Groß und Klein. Vielerorts werden die fruchtigen Pfannkuchen, genauso wie gebackene Apfelringe, auch als Beilage zu herzhaften Suppen wie Kartoffel- oder Gemüsesuppe gereicht.

1. Das Mehl mit dem Zucker, dem Vanillezucker, dem Zimt, dem Salz und den Eiern in einer Schüssel schaumig rühren. Die Milch und das Mineralwasser dazugeben und alles zu einem glatten Teig verrühren.

2. Die Äpfel schälen, vierteln, entkernen und in dünne Scheiben hobeln. Sofort mit dem Zitronensaft beträufeln.

3. In einer Pfanne 1 Esslöffel Öl erhitzen und eine große Kelle Teig hineingeben. Einige Apfelscheiben darauf verteilen und den Pfannkuchen bei mittlerer Hitze 2–3 Minuten goldgelb backen. Dann vorsichtig wenden und auch diese Seite goldgelb ausbacken.

4. Die Apfelpfannkuchen aus der Pfanne nehmen und die übrigen Pfannkuchen auf die gleiche Weise backen. Mit Puderzucker bestäuben und servieren.

TIPP
Um besonders fluffige Pfannkuchen zu erhalten, trennen Sie die Eier und rühren Sie den Teig zunächst nur mit dem Eigelb an. Schlagen Sie das Eiweiß in einer weiteren Schüssel steif und heben Sie den Eischnee dann vorsichtig unter den Teig.

FÜR 4 PERSONEN

300 g Mehl
50 g Zucker
1 Päckchen Vanillezucker
1 TL Zimt
1 Prise Salz
4 Eier
400 ml Milch
100 ml Mineralwasser
4 Äpfel, z. B. Jonagold
6 EL Zitronensaft
5–6 EL Sonnenblumenöl

Außerdem:
Puderzucker zum Bestäuben

Bratäpfel mit Marzipan und Rosinen

» Diese Süßspeise aus im Ofen gebackenen Äpfeln, gefüllt mit Marzipan, Nüssen und Rosinen, wird traditionell in der Weihnachtszeit zubereitet. Wenn der verführerische Duft von brutzelnden Äpfeln und Gewürzen das ganze Haus erfüllt, kommt sicher jeder in eine festliche Stimmung.

FÜR 4 PERSONEN
30 g Rosinen
3 EL Rum
4 Äpfel
100 g Marzipanrohmasse
30 g gehackte Haselnüsse
30 g Butter
30 g gemahlene Mandeln
1 TL Zimt

Außerdem:
4 Zimtstangen

1. Den Backofen auf 200 °C vorheizen. Die Rosinen in dem Rum einweichen.

2. Die Äpfel waschen und jeweils einen 1–2 cm dicken Deckel abschneiden.

3. Sowohl aus dem Deckel als auch aus dem Apfelunterteil das Kerngehäuse herausschneiden und den Apfel mit einem Löffel vorsichtig aushöhlen. Dabei den Boden nicht durchstechen, da sonst die Füllung herauslaufen kann.

4. Das Marzipan fein würfeln. Die Haselnüsse in einer Pfanne ohne Fett rösten, dann die Butter dazugeben und schmelzen lassen. Kurz abkühlen lassen und mit den Mandeln, den eingeweichten Rosinen, dem Marzipan und dem Zimt vermengen.

5. Die Äpfel in eine feuerfeste Form setzen. Die Füllung hineingeben und dabei gut andrücken. Jeweils 1 Zimtstange mittig in die Füllung stecken. Die Äpfel im vorgeheizten Backofen ca. 25 Minuten backen.

6. Dann die Apfeldeckel so auf die Äpfel legen, dass die Zimtstange durch das Loch im Deckel ragt und diesen fixiert. Die Äpfel dann weitere 10 Minuten backen. Aus dem Ofen nehmen und heiß servieren. Dazu passt Vanillesoße.

TIPP

Für Bratäpfel eignen sich säuerliche Apfelsorten besonders gut, da sie sich mit der Süße von Füllung und Soße wunderbar ergänzen. Ursprünglich wurde die Süßspeise im Winter aus lagerfähigen Apfelsorten hergestellt, die von Natur aus mehr Säure besitzen. Dazu gehören z. B. Boskop, Elstar, Jonagold oder Holsteiner Cox.

Versunkener Apfelkuchen

>> Dieser Apfelkuchen, bestehend aus lockerem Rührteig und eingebetteten Äpfeln, weckt wahrscheinlich bei vielen Kindheitserinnerungen, ist er doch ein wahrer Klassiker auf dem Kuchenbuffet. Trotz seiner außergewöhnlichen Optik benötigt dieser Kuchen nur wenige Zutaten und ist schnell und einfach zuzubereiten.

FÜR 1 SPRINGFORM (ø 26 cm)

Für den Belag:

3 Äpfel

Für den Teig:

125 g weiche Butter
120 g Zucker
1 Päckchen Vanillezucker
1 Prise Salz
abgeriebene Schale und Saft von ½ unbehandelten Zitrone
3 Eier
200 g Mehl
½ Päckchen Backpulver

Außerdem:

Fett und Mehl für die Form
Puderzucker zum Bestäuben

1. Den Backofen auf 180 °C vorheizen. Eine Springform einfetten und mit Mehl ausstreuen.
2. Die Äpfel schälen, vierteln und entkernen. Die Viertel mehrmals der Länge nach vorsichtig einritzen.
3. Die Butter mit dem Zucker, dem Vanillezucker, dem Salz sowie der Zitronenschale und dem -saft cremig rühren.
4. Die Eier nach und nach dazugeben und schaumig schlagen. Das Mehl mit dem Backpulver mischen und kurz unterrühren.
5. Den Teig in die vorbereitete Springform füllen und glatt streichen. Kranzförmig mit den Apfelvierteln belegen. Den Kuchen im vorgeheizten Backofen 40–45 Minuten backen.
6. Der Kuchen ist fertig, wenn die Stäbchenprobe gelingt: An einem in den Teig gesteckten Holzstäbchen darf nach dem Herausziehen kein Teig mehr kleben bleiben.
7. Den Kuchen aus dem Ofen nehmen, ca. 10 Minuten ruhen lassen, dann vorsichtig aus der Form lösen und zum Abkühlen auf ein Kuchengitter setzen. Vor dem Servieren mit Puderzucker bestäuben.

TIPP

Anstatt ihn mit Puderzucker zu bestäuben, können Sie den Kuchen auch aprikotieren. Streichen Sie dafür 2 Esslöffel Aprikosenkonfitüre durch ein Sieb und kochen Sie diese mit 1 Esslöffel Wasser unter Rühren auf. Den Kuchen sofort nach dem Backen damit bestreichen.

FÜR CA. 30 KEKSE

100 g gehackte Haselnüsse
50 g Trockenpflaumen
1 Apfel
250 g weiche Butter
200 g brauner Zucker
2 Päckchen Vanillezucker
1 TL Zimt
2 Prisen Salz
2 Eier
300 g Dinkelmehl
1 TL Backpulver
150 g kernige Haferflocken

Außerdem:
ca. 30 Walnusshälften

Haferkekse mit Apfel und Trockenpflaumen

» Diese knusprig-süße Leckerei ist eine vergleichsweise gesunde Keksvariante, denn Haferflocken enthalten viele Ballaststoffe, Eiweiß und andere wichtige Nährstoffe.

1. Den Backofen auf 180 °C vorheizen. Ein Backblech mit Backpapier auslegen.
2. Die Haselnüsse in einer Pfanne ohne Fett anrösten und abkühlen lassen. Die Trockenpflaumen hacken. Den Apfel schälen, vierteln, entkernen und fein reiben.
3. Die Butter mit dem Zucker, dem Vanillezucker, dem Zimt und dem Salz in einer großen Schüssel cremig rühren. Die Eier nacheinander dazugeben und schaumig schlagen. Das Mehl mit dem Backpulver mischen kurz unterrühren.
4. Zum Schluss die Haselnüsse, die Trockenpflaumen, den geriebenen Apfel und die Haferflocken hinzufügen und alles zu einem glatten Teig verkneten.
5. Ca. 30 Kugeln aus dem Teig formen, mit etwas Abstand auf das Backblech setzen und ein wenig flach drücken. Auf jeden Keks eine Walnusshälfte setzen. Im vorgeheizten Backofen 10–15 Minuten backen.

TIPP

Anstatt Trockenpflaumen können Sie auch andere Trockenfrüchte wie Cranberrys, Datteln oder Heidelbeeren verwenden. Schokoladenliebhaber können das getrocknete Obst auch durch Raspelschokolade ersetzen.

Register

Genehmigte Lizenzausgabe
tosa GmbH
Industriestraße 19
64407 Fränkisch-Crumbach 2023
www.tosa-verlag.de

Idee und Projektleitung: Sonja Sammüller
Layout, Satz und Umschlaggestaltung:
design cat GmbH

ISBN 978-3-86313-838-7

Druck und Bindung in der EU
POLYGRAF PRINT spol. s r. o.
Čapajevova 44
08001 Prešov, Slowakei
www.polygrafprint.sk

Bildnachweis:
Wir danken folgenden Firmen für ihre freundliche Unterstützung:
Unilever Deutschland GmbH, Hamburg
Knorr 58–59, 60, 64–65, 82–83, 84–85
Mondamin 48–49, 72–73
Pfanni 61, 62–63, 81, 110–111

Shutterstock: Africa Studio 103; Ala Shauratskaya 75; Aleksandrs Samuilovs 52; Alena Veasey 20; aleori 15; Algirdas Gelazius 17; Anna_Pustynnikova 37; annata78 5, 69; Ans19 13; anthony cruz 43; AS Food studio 53; barmalini 13, 23; Batwayne 41; Bernd Juergens 57; Bildagentur Zoonar GmbH 4, 39; Bozena Fulawka 8; branislavpudar 18; Brent Hofacker 120–121; Charunee Yodbun 1, 6–14, 16–19, 21–29, 34–35, 38, 40–41, 44–49, 52, 56, 58–63, 66–69, 72, 75–76, 80–86, 88, 92, 94–104, 106–113, 119–122, 124, 126–127; Dariia Belkina 36–37; deryabinka 74; Dev_Maryna 86; Diane N. Ennis 16; docent 7; Dudaeva 10; Elena Hramova 32, 44, 46, 99; Elena Veselova 32–33; encierro 19; Endless luck 20; Estudio Conceito 42–43; Fabian Junge 6; ffolas 43; Foodio 45; Foodography by Joanna 116–117; Gayvoronskaya_Yana 124; GoShiva 14; gowithstock 47; Grazziela 109; guentermanaus 13, 16; Halil ibrahim mescioglu 92; hans engbers 14; hutch photography 24; ilona.shorokhova 54–55; Inna Dodor 48; ivan_kislitsin 119; Ivanna Pavliuk 42; JacZia 24; Julie208 68; Kabachki.photo 90–91; KarinaKlachuk 28–29; Karl Allgaeuer 72; Katarzyna Hurova 30–31; Katrinshine 88; Kayleigh Voos 12; Kiian Oksana 34–35; Libor Fousek 14; lidante 114; Lois GoBe 20; Magic cinema 4–5, 18; Mamuka Gotsiridze 25; Manon van Os 16; Masha Dav 6–14, 16–19, 21–25, 29, 37, 38, 39, 41, 44, 45, 48–49, 52, 56, 58–59, 61, 62–63, 65, 66–67, 70, 72, 75, 76, 81, 82–86, 88, 92, 94–97, 98, 100–101, 104, 106–107, 110–111, 113, 114, 116–117, 119, 120–121, 122, 124, 126–127; MaraZe 122; Maren Winter 78–79; MariaKovaleva 4, 33; Mshev 98; Nadia L 4, 50–51; Nata Bene 114–115; Natalia Greeske 5, 125; Nataliya Arzamasova 126–127; Natasha Breen 120; nblx 5, 66–67; nelea33 44; O_Schmidt 93; Oksana Mizina 22; Oksana_Schmidt 76; oksana2010 17; olepeshkina 102; OlgaBombologna 80; pearl7 89; Petr Levicek 6; photocrew1 40; photosimysia 87; pilipphoto 88; Pixel-Shot 108; Rimma Bondarenko 26–27; Ron Ramtang 6; Sea Wave 11; stickasa 25; Tati Liberta 112–113; Tatiana Vorona 2–3; Timolina 70–71; vasanty 38; Vera Prokhorova 31; Viktoria Hodos 122–123; zarzamora 9; zoryanchik 77, 118; Zvone 6